U0115382

語言教學叢書

天地有大美而不言，國文有珍寶而未察

——素養導向語文之教與學

陳宜政　著

推薦序

在國民教育要求實際教學活化的政策下，如何走向生活化、活潑化、美感化？必須有計畫、有步驟帶領學生進入範文的情境，去感受作品的弦外之音，享受審美的愉悅，內化為自己的素養，育成完美的人格，步入藝術化的人生。對一般教師來說，真是舉步維艱。適時收到宜政寄來大作：《天地有大美而不言，國文有珍寶而未察》，其中收錄了七篇國文活化教學的實例，驚艷之餘，忍不住與大家分享。

宜政活潑、聰穎、有才、興趣廣、勇於嘗試，往往創意十足。博士畢業後，還留在國中任教，配合國家政策，熱情地參與各種教學活動，回饋到實際教學上，成果可觀。

近年爆發新冠肺癌疫情，為了防疫，要降低人與人間的接觸，師生之間也不能恆常見面，教與學之間的共頻氣氛徹底消失，師生關係與網紅生涯如何取得平衡？〈「疫」起，當我們同在〉一文，提供我們選擇類似的補充教材，使線上同步教學可以「遠距，但不遠情」。

〈那天下午，我與衛武營藝術文化中心的一場邂逅〉，是一篇國中生浸淫藝術之美的寫作課實錄。利用周遭環境多元的人、事、物，引導學生扎根於藝術鑑賞後，化為文字表達的美感寫作教學，完整彙集分析整理整個教學過程，很值得參考。

〈家裡收藏著一種愛，必須用一輩子的時間文火慢煲〉是宜政在心中醞釀十年的跨領域素養導向教學計畫，終於有機會在任教班級實行，希望透過國語文的學習，建立正向價值觀，欣賞各類文本，培養思辨能力，有效處理生活上的問題。課後將引導、懷想、採訪、討論、撰稿、設計整個活動歷程分述清楚，並整理學生施作後的反應，檢討因特殊情況（因疫情停課）影響，導致學習成效未能盡如理想，必須在教學過程中，不斷思考修正與補充。素養導向教學不但提升了學生永續學習的動力，也帶給老師永續教學的活力。

透過五感學習語文有〈「感」？不「感」？試試才知道！〉、〈有別於文本分析的語文情境學習〉兩篇。人類是透過感官與世上萬事萬物相互連接，人類所有感官是搭起我們與世界的橋樑，因為有感官，人生才如此繽紛美麗。人類除了有嗅覺、觸覺、味覺、聽覺、視覺外，還有知覺、共感覺，只有人類才擁有如此多樣精緻且複雜的感官能力，也只有人類在運用多重感官之後，將其行諸語言，甚至寫成文字超越時間永久保存。任何人只要願意打開感受，「我」便真實存在，只要用心體會，就能領略感官為我們寫下永恆美妙的詩篇。啟發學生打開感官感受，我們要多費點心思。

最後兩篇教學活動設計，都與喚醒感官感受有關，都很有創意，那是很好活化教學的起點，我們共同努力吧。

國家文學博士、前高雄師範大學國文學系系主任　何淑貞

二〇二四年二月二十一日

推薦序
──「教」活化，「學」轉化

二○二四年一月下旬，甫從北極圈攝氏負二十七度（體感負三十度）的北歐回國，我尚在適應時差與溫差，遲遲迴盪在雪窨冰天的挪威峽灣，與芬蘭繽紛極光下的冰魂雪魄中，隔天就收到了宜政熱騰騰二校稿的白皮書。我的思緒瞬間起了漣漪……串流了極地的凜冽與閱讀的熱情，展開冰火二重天的紙上對話。

臺灣的教育及課綱，近幾年常向北歐芬蘭取經，然則聽聞不如親歷，課堂觀課不如從生活觀察。北歐拉普蘭區地處偏僻的極地國度，在滿天星斗的蒼穹下常受風雪的洗禮，為什麼芬蘭可以在惡劣國土發展人文觀光的藍圖？就在今年北極風暴威力下，天寒地坼下的極光屋卻滿房，絡繹不絕的訪客在自然威力與人文地景交織下，在芬蘭體悟了什麼？我相信也許和北歐的教育文化有關。一趟近距離的觀察：極地氣候下永夜的休閒活動安排、體能冒險規劃，這些相關從業人員融合了科技、環保、簡約、紀律、安全……展現自由不失分寸；自律不失熱誠；自主不失尊重的特色。這與臺灣「自發、互動、共好」素養導向是否有了連結？

《天地有大美而不言，國文有珍寶而未察》前句是《莊子》〈知北遊〉的名言，恰如目眩神迷的極光是天地大美，是大自然的恩賜，可遇不可求，受限緯度雲層及光害，捕捉大美之前須克服極端天氣、耐心等候，得失總在瞬間跌宕起伏，過程的苦澀，經過試煉後終會化成點滴心頭的甘醇，這與教育現場的投資報酬率不一定成正比的現況，豈不謀而合？面對風起雲湧的社會變遷，大自然不按常規的反撲，萬全準備下可能乘興而起無功而返。是故，宜政的這本書，正是「恃吾有以待之」的教學自我突破。她擺落升學的緊箍咒，勇敢賦予孩子生活體悟與品味感受的能力。

從衛武營藝術文化中心的邂逅開始，讓歐洲音樂藝術文化進入到課堂；疫情四起，將線上教學與主動學習拉起一條雲端的風箏線，自由遨翔馳騁學習又不逾矩。至於情意的教學，將飲食文化結合電影與漫畫，讓孩子在多媒體的影視當中，延伸文字的閱讀，開啟食物的感恩之旅；《論語》教學走出舒適圈，「必有我師」效法的不是狹隘的同儕之間的成績與才藝，而是「納須彌於芥子」，從生活體察無私的付出與關愛，感同身受無常的人生哲學，讓年輕人了解身心靈健康的可貴。對於青春無敵的孩子而言，這是多麼不容易體驗的一堂課！一課〈吃冰的滋味〉，在宜政的慧心巧思設計下，將平凡不過的古老記憶延伸到現代口味，譜出一曲融視覺、味覺、觸覺、與心覺的交響樂章。至於情境教學，對應跨世代的感情串流，從銀青共處，流瀉覥腆而共好的交會。最後對於國文教學的文字美感，透過六書與手作的設計，將剪紙藝術融入習字教學，也令人嘆為觀止。所有的活動不啻應證芬蘭教育體系所強調的──老師主動熱誠、專注學習、開發潛能。宜政在有家庭的壓力之下，勇於突破職場的框架，其中的精神投入，從其行動教學設計可見一斑。如第十七頁衛武營文化中心的一場邂逅，有專注的沉浸式體驗。議題式主題第八十九頁，有著課綱物質文化、社群文化、精神文化的認識與涵養！

眾所皆知，芬蘭教師除了有教學熱誠及創新思維外，專業品質與學歷也是層層把關。在芬蘭，老師是最愛學習的人，教育的目的是學習解決問題而非競爭。師生熱愛閱讀、冒險並解決問題。教學的對象是人，每位老師在不同階段所面臨的孩子都是「未來小子」，這些孩子要面對日新月異的科技變化、社群媒體的情感串流，以及無遠弗屆的語言文化交流。「未來小子」的發展與國家的進步是否與老師息息相關？那麼教師應如何定義自己的角色？如果教學是一門藝術，那麼教材是框架，還是依歸或是基礎？當學習跟考試、競爭連結時，總是少了那麼一點情趣與人味。課程內容要教什麼？怎麼教？如何使用教科書？本書每一場安排都與課文選文連結，搭配五感體驗，也結合課綱的自發互動共好，更重要的是將文化的特殊性連結在一起，不是表相的校外教學，之後都有深層的反思回饋與寫作，聽說讀寫都融入了每一趟生活教育。我想：每一場活動的設計，教案的安排，事前的聯絡，交通動線的規劃，行前教育的說明，文本內容的延伸思考，都是環環相扣綿密的過程。這中間一定有不少的雜音，宜政排除萬難，也要承擔不可預知的風險，這種熱情在現場教育是容易被忽略的。正因為許多人不敢踏出教育舒適圈的嘗試，如此每一章節的分享回饋，彌足珍貴而令人動容。

《天地有大美而不言，國文有珍寶而未察》，宜政在對的時間，針對合適的學生使用對的策略，這只是一個拋磚引玉的分享。有示範、有記錄、有回饋、有反思，綿密而匠心獨具，讀來會心一嘆，怎不令人想自出機杼，來一趟屬於自己的活化之「教」，師生轉化的「學」習之旅？樂見此書付梓後，帶來的迴響與多元實踐。

國立高雄師範大學國文學系教授　蘇珊玉

二〇二四年一月二十八日

自序
──美的歷程，美的使命

《莊子》〈知北遊〉:「天地有大美而不言，四時有明法而不議，萬物有成理而不說。」道出天地萬物自然運行之理，天地萬物不曾透過語言文字傳遞給人們，必須由人們感知、感情、感悟，對於天地萬物之美感於焉產生。

本書收錄文章乃筆者離開地方國民教育輔導團，卸下教育局到各學校分享教育政策轉化為實際教學工作後，真真切切、扎扎實實擔任班級導師和專任國文老師，每日陪伴學生成長的教學理論與實務之紀錄，除了應證理論，更有感於十二年國教現場教學宜走向生活化、活潑化、美感化，特別是語文訓練當然可以是步驟、是流程、是公式、是模組，然而系統組織化之後的步驟與流程，可能含有因人情不同的誤差，進而產生獨特性，呈現不同的學生反應符碼與教師實施教學之結果。目前筆者的工作任務較無法遊走各校現場親身分享，只好把教學實況化為嘔心瀝血之文字，拋磚引玉，交由師友們給予筆者更多指正與建議，讓國文活化教學更臻完美成熟。

未按時間軸收錄文章，主要想呈現以教科書範文為本，以人體本有五種感覺接收器為用，由體驗觀察思索萬物之幽微，由思索萬物幽微以覺察美感之生發，由美感之生發體悟人之生為人之美妙處，擁有人身之難得，擁有思維感悟之難得，進而昇華為盡己為眾之崇高美。

〈那天下午，我與衛武營藝術文化中心的一場邂逅──國中學生浸淫藝術之美感寫作課〉，主要帶領學生參與衛武營「藝企學」計畫，融合國中國文寫作教學目標。「藝企學」計畫以衛武營為平台，結合藝術家、企業家、學校三方，為小學、國中、高中學生一步一步扎根藝術鑑賞能力，而語文教學要做的正是教導孩子把欣賞能力化作文字表達能力，得以傳遞分享。這篇教學實務紀錄，把藝術家、工作人員、國中生、大學生施作教學計畫之反應做完整彙整與分析，可激發讀者相關語文與他科跨領域教學活動。

〈疫起，當我們同在〉，記錄全球因為COVID-19肆虐，人與人之間交流無法如平時密集，全臺教師在一片兵荒馬亂中完成科技教學技巧進化，過段時日倒也提醒教師們回歸於任教學生階段面授教學的重要性，而線上教學只是多元教學方式的其中之一，當中值得推廣，當然也更值得再次進化。

〈家裡收藏著一種愛，必須用一輩子的時間文火慢煲——「一道料理，一段關係回憶」跨領域素養導向教學之行動研究〉，則是放在心中醞釀十年但遲遲未有行動力的教學計畫，直至參與學校校本「食育、食農」計畫，才真正將想法化為教案，將教案施行於任教班級，並將學生施作後反應加以整理，以提供讀者對於國中國文飲食文學、傳記文學之教學活動參考。

〈「感」不「感」試試才知道——透過五感學習國中國文教科書裡《論語》〈述而〉「三人行必有我師焉」〉，是帶領學生走出校園到社區私立植物人安養機構，直接體察實踐《論語》「三人行必有我師焉」的真實意涵，師者不必優於己，擇其善者而從之，國中學生對於未所觸及的植物人領域，由剛開始畏懼，大夥一起結伴同行付出心力，最後學生從植物人身上亦能習得本身所不了解的生命真諦。這一路上筆者看到學生真誠付出的身影，並在事後得到領悟，無論悟得多少真理，當天到植物人安養機構參訪，並與植物人互動的意義，必能在孩子們心中留下不可抹滅的足跡。

〈有別於文本分析的語文情境學習——透過觸覺與味覺深印吃冰的美好感覺〉，筆者反思並深化經典國中國文課本範文古蒙仁〈吃冰的滋味〉，以往國文老師大多在課堂上和學生分享台灣夏季冰品，除了請孩子們品嚐冰品，能否在品嘗過程中加入語文美感記憶？這篇小文章把跨年級學生吃冰美感經驗交融於一爐。

〈給我愛，其餘免談——結合走讀的國文情境教學〉，青春期學生與社區機構老人交流能碰撞出什麼火花？國中生會考結束正是語文情境實踐的最好時機，這篇文章記錄筆者帶領孩子與不認識的社區老人一起做早操、一起玩遊戲，學生為阿公阿嬤設計一系列可愛表演，從真實情境中體驗「換位思考」，這對國中生而言不啻為難能可貴的學習。

〈結構、色彩、線條、手感——學生習得漢字創意美感教學之行動研究〉，過去我們指導國中學生學習「六書」主題，大多只能在理論講述完，透過影片和圖像加深學生印象，這篇文章記錄筆者設計透過傳統剪紙藝術，結合數學對稱原理，更融合台灣鐵窗花概念，將「六書」中的「會意」字變成一幅幅色彩作品。此文亦曾在國際學術研討會發表，席間獲得來自其他國家學者之驚嘆，驚艷台灣中學語文教學可以如此活潑多元，本文更刊登於南韓檀國大學學術期刊。

感謝筆者深愛且敬佩的師長：何淑貞教授、蘇珊玉教授在期末學位論文口試任務不斷，仍二話不說應允筆者推薦序文；服務、教學、研究繁忙的諸位師長：王政彥校長、唐硯漁副校長、杜明德學務長、王安祈教授、須文蔚院長、葉鍵得教授、張清榮教授、郭隆興教授、郭澤寬教授、祁立峰教授、姜龍翔教授、唐毓麗教授、劉信宏教授、鍾文伶教授、王國安教授、林官蓓教授；更感謝鼓勵筆者的藝文出版界翹楚：陳怡蓁執行長、許悔之老師、馮翊綱老師、蔡淇華老師、宋怡慧老師。特別感謝大器的萬卷樓張晏瑞副總，和心思細膩的陳宛妤編輯，及幕後視覺設計師，訊息討論來來回回，讓本書至臻至善。此外，生命中有一群好友及家人陪伴，讓筆者可以天馬行空自在做自己，將從小觀察醞釀的教學想法、累積多年的教學心得付梓，彌足珍貴的溫情支撐著筆者勇敢堅持走下去。

揀選生前嚴謹的藝術家先父亮黃油畫遺作作為本書封面，時時提醒自己：教學是本業，也是天命，將美學結合語文教學更是筆者永恆使命。願本書嘉惠彼此，且以此明誌。

陳宜政

甲辰龍年春月於氤氳閣

名家推薦

王安祈／國立臺灣大學名譽教授、國光劇團藝術總監

陳宜政老師教學認真熱情，經常帶領同學觀賞戲曲現場演出，並邀請演員到課堂示範表演，開啟同學的「感覺接受器」，培養語文、美學的感受力，體會國文珍寶與天地大美。這本教學經驗階段性的總結，我願強力推薦。

王國安／國立屏東科技大學通識教育中心教授

宜政對國文教學的用心，可從歷屆學生真心的反饋，以及她對國文教學可持續精進的理念得見。她的教學經歷與研究背景，也可想像她從國中到大學的文本在教授上的連貫與深入。今將其教學經驗以「素養導向語文之教學」為主題出版，相信能提供臺灣語文教學領域很豐富的例證與引導。

祁立峰／作家、國立臺灣師範大學國文學系教授

國文教學向來眾多師生關注的議題，其意義與價值在近年屢屢引發討論。宜政老師深耕國文教學，本書從美感到人生體會，包含理論與實踐，令人期待。

宋怡慧／作家、新北市立丹鳳高級中學圖書館主任

世界不缺乏美，只是少了一雙覺察的靈犀之眼。宜政老師讓我們開展美的感知，悠遊美的蒼穹自由飛翔。

林官蓓／國立屏東大學教育行政研究所副教授

宜政老師教學認真又有創意，擅長將國文結合生活、文化與美學，深受學子們喜愛。這本書是宜政老師近年教學的精華紀錄，更是一〇八課綱中素養導向教學評量的最佳示範！

唐硯漁／國立高雄師範大學副校長

宜政老師活潑創意又有趣的教學活動，引領著青春期孩子將國文學習成為生活的一部分，如常事物亦可成為語文涵詠，如詩如畫，啟迪人心。如果學習路上能遇到這樣一位良師，性靈必得溫馨，情感必能釋放。

唐毓麗／國立高雄師範大學國文學系教授

教育的核心到底是什麼？我在宜政老師的教學現場看到她的答案。無論是人文或美學，她的技巧新穎多元，極具反思性，更帶動學生的實踐力，參與社會責任，她為教學灌注無數亮點。

陳怡蓁／趨勢教育基金會董事長暨執行長

知識不僅僅存在於課堂，文學也能躍出於紙上。深耕高雄的宜政老師，每年總會利用課餘的時間，親自帶著學生們走出教室、進劇場觀看趨勢經典文學劇場，她將集結自身多年經驗，體現教與學之間無限的創意與可能性！

陳小君／滙豐銀行（學生家長）

帶著對生活的敏銳美感及細膩心思，去訴說和引發學生對文章的觸動，國文不再是生硬的詞彙背誦，而是一種實踐美學的鑑賞力。

郭隆興／國立高雄師範大學教育學系教授、全國教師在職進修資訊網主持人（自二〇〇三至今）

宜政老師的文思不但「政政有辭」而已，還深究了文學的美感，最難能可貴的是將之實踐在教學現場，播種啟迪學生文學與美學的雙重素養。教育工作從來就不是移山倒海的巨大工程，而是涓涓不斷的細細叮嚀；透過本書，我們可以發現宜政這位好老師自我要求精益求精，她的學生必可精雕細琢美麗人生。

郭澤寬／國立東華大學臺灣文化學系教授

語文教育能做到什麼？宜政這本新作做了好示範。實務學理兼具的她，展示語文教育的可能：它可開啟識美之窗；感受人間愛與情之所在，並透過實際活動躍昇為行動力，珍寶就在其中。

馮翊綱／相聲瓦舍創辦人

青春，只待一股摶扶搖而直上的風，需要有人導護、啟迪，建構品味素養。宜政老師是我的品味夥伴，為青春正盛的人提供陪伴。

葉鍵得／中華文化教育學會理事長、臺北市立大學教授

由作者順手拈來的小品畫、多篇美學學術論文；衛武營、社區藝術導覽；課堂國文美感教育；參與教育部美感相關計畫等，確實是一位務實的美學實踐者，值得讚美與推薦。

美，不是深奧不可測、遙遠不可及，作者將生活美學融入課堂，使理論與實務結合，活化語文教學，提升教學成效，符合一〇八課綱素養導向教學精神，值得肯定與推薦。

蔡淇華／作家、臺中市立惠文高級中學教師兼圖書館主任

本書記錄陳宜政博士如何將國文教育結合情境教育，讓藝術人文在學生五感體驗中，內化為真正的素養。推薦有心拓展國文教育維度的朋友們！

劉信宏／知名管風琴音樂家、臺南南神神學院基督教研究所所長、臺灣管風琴協會理事長

我衷心推薦陳宜政教授的著作。她的著作包含一系列引人注目的課程計劃和文章，涵蓋她帶領學生參加衛武營「藝企學」的體驗，帶領學生探訪弱勢群體、社區參與。在陳教授的引領下，青少年被激發參與藝文活動，並為社會公益盡一份心力。這本書是一份寶貴的教學資源，提供對創新教學方法和語文教育的深刻洞察。我強烈鼓勵每個人閱讀這本意義深遠、鼓舞人心的教學著作。

鍾文伶／國立屏東大學中國語文學系助理教授

素養導向有賴教學、課程、評量工具之有效結合，宜政老師擁有豐富的教學實務及理論基礎，將美學融入於國語文教育，本書巧妙將素養導向、跨領域、教學實作結合，落實應用於生活的趨勢，培養學生「帶著走的能力」。

目次

那天下午，我和衛武營藝術文化中心的一場邂逅
——國中學生浸淫藝術之美感寫作課*

前言

依據「十二年國民基本教育課程綱要」，落實「適性揚才」、「終身學習」，強化連貫統整、跨域學習，實踐素養導向，並結合衛武營國家藝術文化中心「藝企學」南臺灣校園美感教育推廣計畫，推動南部及偏鄉藝術美感教育普及與扎根之教育目標，於是本次教學活動得以構思並實踐。

本研究之「美感寫作課程」計畫為涵養學生：一、認知方面：離開舒適圈，五育並重，涵養文化，認識社區內國家級藝術文化中心；

* 本論文得以完成，由衷感謝鳳西國中林建志校長同意本寫作教學計畫的施行，行政單位同仁：教務洪麗君主任、教學吳佩真組長、幹事劉美娟小姐；總務許家銘主任、出納邱穎穎組長、幹事許淑婷小姐；學務侯勇光主任、生教許仕青組長、衛生郭信志組長；教學夥伴曾水溢老師、方曉琤老師鼎力協助；高雄師範大學國文系王松木教授、杜明德教授，還有學習服務態度令人激賞的國文系許家祥、楊子賢、曾欣慧、黃鈺棋、吳家琪、陳俞臻、江俞佳、劉宜蓁等同學、數學系林海民同學，及隨行協助拍照的學生家長們；衛武營藝術文化中心所有服務人員。感謝生命中有這麼一天的午後，和夥伴及孩子們一起在衛武營藝術中心沉浸在雋永難忘的藝術裡，完成美感寫作。

二、情意方面：開啟感官領悟力，感受人類精神文明，感動於藝術文化之得來不易；三、技能方面：藉由 ORID 焦點討論法提升感悟，學習情緒表達，進而發展美感寫作力。

研究論文中該國中位於鳳山區明星地區，西有衛武營國家藝術文化中心，東則有大東文化藝術中心，擁有得天獨厚文化資源，只可惜基於安全、時間、課程安排考量，學生頂多在文化中心室外設施流連，難有機會真正進入廳堂，聆賞一場真正國家級精緻藝術活動。

康軒版國中國文第三冊第五課〈田園秋之選〉陳冠學藉奧地利作曲家貝多芬（Ludwig van Beethoven, 1770-1827）田園交響曲以描寫一場西北雨，翰林版國文第五冊第六課〈大明湖〉劉鶚以白描法描繪一場遊湖日記、第八課〈青鳥就在身邊〉陳火泉則以比利時劇作家莫里斯．梅特林克（Maurice Polydore Marie Bernard Maeterlinck, 1862-1949）著名童話劇作〈青鳥〉（L'Oiseau Bleu, 1908）：「大多數人從生到死始終沒有享受過身邊的幸福，是因為他們有一種錯覺，認為物質享受才是幸福。其實，真正的幸福是以一顆無私的心幫助他人而帶來的精神享受，助人為快樂之本。」告訴讀者幸福就近在身邊。

衛武營國家藝術中心自二〇一八年營運至二〇一九已滿周年，研究對象之國中近鄰衛武營，師生擁有得天獨厚的藝術文化刺激，然許多學生家庭基於國際表演票價高昂，或僅只於衛武營室外榕樹廣場活動，未能真正進入殿堂，聆賞藝術文化表演，故透過衛武營藝術文化中心「藝企學」南臺灣校園美感教育推廣計畫設計此課程，帶領學生一親藝術之芳澤，並擁有真實感受以寫作。

美感教育體驗及寫作課程之參與學生，則因為衛武營「藝企學」計畫安排，將獲得一人一張體驗票券（圖1），除介紹衛武營國家藝術中心建築體內外環境、廣場、院廳、設施、表演類型，還有劇場禮儀介紹，填寫「藝企學」專場專屬學習單（圖2），讓參與學生了解欣賞一場藝術表演該留心哪些事項，當中更真正欣賞一場由留美音樂家劉信宏博士管風琴演出。衛武營擁有亞洲最大管風琴設備，音樂廳內仿竹林建築與三六〇度觀眾座席，更堪稱建築美學之首，參與學生在此情境中激發藝術感興，產生真實感受。寫作課程則藉由 ORID 焦點討論法，一步步引導學生進入聆賞藝術表演之美感核心，於體驗活動後完成教師自編學習單及寫作單與感謝函（附件一）。

本論文以「十二年國民基本教育課程綱要」作為教學總綱領，美國教育學家杜威（John Dewey, 1895-1952）「從做中學」（learning by doing）作為教學理念，並以「情境教學法」（Situated Teaching）為教學方法之選擇，以 ORID 焦點討論法作為教學工具，引導學生一步步藉由環境與心理的連結，產生真實感受，完成一次引導寫作訓練，學生習得此法後，將成為終身自我引導獲得美感經驗之美學人生。[1]

一　衛武營藝術文化中心與寫作課之結合

美國教育學家杜威「從做中學」理念，一直為學習者習得知識獲取技能的最佳途徑，更是教學者奉行不已的教學精髓，「情境教學法」之推波，一堂語文課出走於教室，學生直指浸淫於藝術殿堂。

（一）杜威「從做中學」

美國密西根大學哲學家杜威曾到美國以外的其他國家宣揚其思想，由於訪問過印度與中國，時任職北京大學的胡適在中國傳揚其哲學理念，學界認為民國初年五四運動，為杜威「民主」與「自由」思想理念於中國開花。

1　筆者完整設計之衛武營美感寫作計畫，詳見附件。

杜威被稱為「現代教育之父」，其最為人熟知的教育思想為「連續性」與「實踐中學習」（或譯為「從做中學」）。「連續性」類於今日所謂「終身教育」，至於「從做中學」，「實踐中學習」則是經驗主義、行為主義、進步主義之產物。

杜威反對傳統灌輸入教育方法，認為「教育即成長」：「成長的第一條件，是未成長的狀態……『未』字卻有一種積極的意思，並不是僅僅虛無或缺乏的意思。」[2]其肯定此種未長成的狀態乃充滿能動性（motility）和潛能，非一味灌輸便能使之發展。

杜威認為創造充分的條件讓學習者去「經驗」是教育的關鍵：「所謂經驗，本來是一件『主動而又被動的』（active-passive）事情，本來不是『認識的』（cognitive）事情」，杜威「把經驗當作主體和對象、有機體和環境之間的相互作用。」[3]他主張以這種進步的（progressive）教育方法使學習者從活動中學習，經驗本身就是指學習主體與被認識的客體間互動的過程。但他又說：「經驗的價值怎樣，全視我們能否知覺經驗所引出的關係，或前因後果的關聯。」[4]並不是每一種經驗都是有教育的價值的，對經驗過程逐漸形成的主體的詮釋是關鍵所在。正因如此，杜威亦指出培養出學習者自習能力是教育的功用，他說：「教育功用的經驗的另一方面，即是能增加指揮後來經驗

2 杜威（John Dewey, 1895-1952）：《杜威的三十二堂課：胡適口譯，百年前演講精華》（John Dewey's lectures in China, 1919-1920: socoal and political philosophy, and philosophy of education）（臺北：英屬蓋曼群島商網路與書公司臺灣分公司，2019年），頁251。

3 杜威（John Dewey, 1895-1952）：《杜威的三十二堂課：胡適口譯，百年前演講精華》，頁27。

4 杜威（John Dewey, 1895-1952）：《杜威的三十二堂課：胡適口譯，百年前演講精華》，頁198。

的能力。」[5]他把這種能力的培養稱為「改造」，此即杜威所言「教育即改造」。

由此可知，杜威主張教學方法實施是以緊扣學習者為中心作為前提，此種理念可以說及為今日臺灣十二年國教，強調以學生作為學習中心，並培養「素養」等適應現在及未來生活解決問題的能力。雖然杜威理念在當時並未大量獲得學校及政客好評，然在今日多元價值觀年代看來，可領受其先進的教育觀點。

（二）情境教學法（Situated Teaching）

情境教學法源自兩大理論（Brown, Collins & Dugid, 1989）：分別是情境認知（Situated Cognition）與情境學習（Situated Learning）。在情境學習中隱含讓學生從做中學、從做中反思等兩大主要內涵（Cooper, 2003）。情境教學法受教育哲學家杜威的「從做中學」和Schön（1983）提出「實踐中認識」等概念啟發，此教育思潮的興起，主要是為了改善傳統填鴨式教育，以及學生無法在日常生活中運用所習得知識的問題。因此情境教學法秉持以學習者為中心，建構教學情境脈絡，讓學生在情境中參與行動學習，從中反思、回饋，學習者能在整個教學環境中建構出自己的知識體系，此乃情境教學法的主要核心。

情境教學的進行必須注意下列兩項原則：一、認知和情感相互滲透；二、語言和思維同時訓練。前者是指：人是知識與情感合一的動物，離開了情感，人的存在價值必然大打折扣，唯有將教學過程歸結為以心理活動為基礎的情感過程和認識過程的統一，才真正發揮情境教學實質效能，結合認知與情感兩者合一的平衡教學，不偏廢任何一

5 杜威（John Dewey, 1895-1952）：《杜威的三十二堂課：胡適口譯，百年前演講精華》，頁69。

部分，才能真正涵蓋並體現教學的實際效能，並能使學生的「學」與教師的「教」持之以恆[6]；語言和思維是不可分割同一個實體中的兩面向，語言是思維的軀體，思維是語言的內核，語言越是精確，代表思維越為精確。

(三) 語文與音樂藝術相結合之跨域學習

當美就在身邊，而身於其中的人們卻視而不見、充耳不聞，這應該是人類精神文明的損失，因此筆者雖教授國語文，一直以來對於學生生活美感經驗的提升十分重視，也經常在語文課堂中藉由各種美感經驗，刺激學生美感接受器，並喚起其美感心靈意識。

藝術的存在，其實是人類精神產物。美國哲學家分析美學泰斗門羅．比爾茲利（Monroe C. Beardsley, 1915-1985）原是杜威哲學的擁戴者，然他發揮杜威博士《作為藝術的經驗》（Art as Experience, 1934）的學說卻又分析更透澈，他曾言道：

> 通過創造藝術，我們以一種獨特的方式都把世界人化了，把他變成一個使我們感到溫馨和真正屬於我們的地方。不管是在充分性還是在意味性方面，都是任何技術和技術產品不能比擬的……但是，個別藝術品是做不到這一點的，或者說，個別藝術品不能以一種統一和諧的方式做到這一點。只有當我們賦予他們一定程度的獨立自主性，使他們具有自身特有的影響力，使他們因其自身的特質而受到尊重，使我們不得不以一種恭敬的神情拜倒在他腳下。只有這時，我們才可以說，他們真正實

---

6 楊新授曾於及論文中將認知與情感編訂成「認知與情感對稱線索圖」，見楊新授：〈論教學的「情知對稱」問題〉，《教育研究》1991年第3期，頁63-71。

現了其自身的潛力，並以其獨特的方式服務於我們。[7]

比爾茲利指出，在一個文化中，有各種不同的文化產品，各自服務於不同的人類需要，但我們可以把這種多元文化產品分成基本的兩大類：一類是技術品，另一類是藝術品。前者幫助我們更好的生活在這個世界上，且幫助我們克服世界種種給人類造成的困難和障礙；後者卻滿足了人類另一種更基本的需要：使人感受到這個世界就是人們生活的家園。借用美國符號學家蘇珊・朗格（Susanne K. Langer, 1895-1982）美學概念則是：通過一種虛幻的空間和時間外觀，藝術允許我們創造與欣賞其種種表現性質，這些性質都是我們在周圍生活中留下的特殊標誌，因為審美性質或表現性質都是獨特的人類特質，更可說是人類對世界的特殊貢獻。

因此，審美需要乃生活於現今的我們的需要。美國學者奧斯本曾說：「每一個人都樂於承認，畫出審美經驗的解剖圖是異常重要的，它是探索美學問題的基礎。」[8]對於國中學生而言要讓他們進入藝術哲學之學術語言當然言之過早，然而能夠身臨藝術殿堂，且能在教師的規畫安排與協助下，將眼觀、耳聽、身觸、意念所感之美，系統化作為一層層推演記錄，最末則撰寫成一篇文章。由於美太過抽象，哲學家曾認為美是一種放射性的東西，現代則有「不願中斷對美觀賞」之說法：「好像我們的眼睛想永遠沉浸在這種景象裡，我們的耳朵想永遠沉浸在這種聲音裡。當這一美麗的事物消失時，或我們離開它

---

7 Monroe C. Beardsley, “Art and Its Culture Context,” in his The Aesthetic Point of View, ed. Micheal J. Wreen and Donald M. Callen (Ithaca: Cornell University Press, 1982), p.370.

8 Harold Osborne, “What Makes an Experience Aesthetic?” in Michael H. Mitias, ed., Possibility of the Aesthetic Experience, Boston: Martinus Nijhoff, 1986, p.117.

時，我們總是感到若有所失，心情惆悵。」[9]既然如此那就將此感動化為動人文章，達爾文（Chares Darwin, 1809-1882）於其日記中記載他對安地斯山脈美好風光的反應：

> 當我們到達山頂並往下觀看時，一幅美麗景象赫然出現在眼前。空氣是那樣清新，天空是那樣碧藍，峽谷是那樣幽深，山巒是那樣鱗次櫛比。那些飽經風雨洗禮的廢墟，記載著時代的變遷和自然的變化。鮮紅色的岩石與遠處白雪靄靄的山峰形成鮮明對比。所有這一切，組成一種任誰也難以想像的綺麗景致。除了在山巔周圍盤旋的幾隻蒼鷹外，不管是這裡的植物，還是這裡的鳥兒，都無法使我的眼睛離開這片美麗的景致。我慶幸自己獨自來到這裡，此時此刻，我好像是在觀賞一場暴風雨，又好像在傾聽一支樂隊合奏彌賽亞。[10]

生物學專業的達爾文在浸身於美景當下，以文字記錄於日記當中，留下心靈永恆印記，並將自然美景比擬為自然景象暴風雨或樂隊演奏。

十二年國教課程綱領著重學生走進生活的跨領域學習，帶領學生進入衛武營國家藝術中心，眼觀其建築之宏偉，手腳觸其精良之設計，耳聽其美妙之樂音，心領神會，更能心凝形釋，將內心感動有層次紀錄，有結構撰寫成一篇文章。

---

9 拉爾夫・史密斯著，滕守堯譯：《藝術感覺與美育》（Aesthetics Design Art Education）（成都：四川人民出版社，2000年），頁293。

10 Charles Darwin, The Voyage of the Beagle, abridged and edited by Millicent E. Selsam, New York: Harper & Row, 1959, p.216.

二　藝術美感接收與觀察之進行

既然必須寫下，筆者在帶領學生進入衛武營之前，介紹並教導學生藝術觀察與思索紀錄工具 ORID，此工具在近日企業進行產業討論會議中經常使用，然在校園中則逐漸被發掘其有效於學生學習。

（一）ORID 理論

ORID 是一套國際知名且簡單易用的提問方法論，一直以來都有不同的名稱，有人稱引導式討論（Guided Conversation），也有人稱基礎討論方法（Basic Conversation Method）或是意識會談法，一般則稱之焦點討論法（Focused Conversation）。

ORID 將提問分成了四個層次的溝通方式，讓人們有機會用對的順序，詢問對的問題，讓被討論的話題可以聚焦。尤其在進行團體討論時，通常每個人的觀點與意見都不盡相同，但透過 ORID 的四種問題類型，可以透過引導集體思考的過程，加深彼此的對話關係，避免忽略他人感受，不會淪為個人意識形態的表達，並在形成結論後看見眾人的智慧。焦點討論運用四個層次問題：

1　O—Objective（**客觀事實**）

即客觀性層次（The Objective Level），此層次問題問的是事實與外在現況。

第一個步驟，使用「掃描資訊」的方式，以客觀看到什麼來回應，此方式可以窺探閱讀習慣、觀察力的微弱。

2　R—Reflective（**感受反應**）

即反應性層次（The Reflective Level），此層次問題主要喚起對於客觀資料立即出現的反應和內在回應，有時候呈現為情緒、感覺、隱藏的形象，以及客觀事實所帶來的聯想。每當我們遇到外在的現實狀況（資料／客觀事物）時，我們就會體會到內在的反應。

第二個步驟，使用「扣問內心」的方式，以主觀感受到什麼來思考，此方式可以刺激並開啟內在，探索內在情緒。

3 I—Interpretive（**意義詮釋**）

即詮釋層次（The Interpretive Level），此層次問題尋找的是意義、價值重要性以及涵義。

第三步驟，使用具體問思，深化前兩步驟，引導「歸納」、「整理」資訊和感受的連結，此方式可以幫助系統化表達，說出具體的描述。

4 D—Decisional（**作出決定**）

即決定層次（The Decisional Level），此層次問題是要找出決議，讓對話畫下句點，促使對未來下定決心。

第四步驟，使用企劃實踐，總結提問，引導「行動」，轉化抽象討論為具象，此方式可以培養實作能力，激勵「learning by doing」。

（二）ORID 做為學習觀察

蘇珊．朗格曾說：「將外在世界主觀化，將內在世界客觀化。」焦點討論法即有如此之魅力，它賦予外在世界感受與意義，同時也將通常不外顯的內在情緒與洞見浮現出來。丹尼爾．高曼（Daniel Coleman）於其著作《EQ 情緒智商》（Emotional Intelligence）曾提醒我們現今所需要的教育，有很大一部分，是要重建「感受與情緒是身為人不可或缺的一部分。」約瑟．夫馬修（Joseph Mathews）曾言

「體驗你的經驗」(Experience-ing your experience)。

筆者將 ORID 結合此次衛武營美感教育寫作教學前學生之觀察記錄單，如下表所陳：

表 1　ORID 焦點討論法之提問策略

O：Objective（客觀事實）	R：Reflective（感受反應）
一、提問策略：「what do I see?」 二、第一個步驟，使用「掃描資訊」的方式，以客觀看到什麼來回應。 三、此方式可以窺探閱讀習慣，觀察力的微弱。	一、提問策略：「How do I feel?」 二、第二個步驟，使用「扣問內心」的方式，以主觀感受到什麼來思考。 三、此方式可以刺激並開啟內在，探索內在情緒。
I：Interpretive（意義詮釋）	**D：Decisional（作出決定）**
一、提問策略：「What do I learn/found/realize?」 二、第三步驟，使用具體問思，深化前兩步驟，引導「歸納」、「整理」資訊和感受的連結。 三、此方式可以幫助系統化表達，說出具體的描述。	一、提問策略：「What shall we do next?」 二、第四步驟，使用企劃實踐，總結提問，引導「行動」落實，轉化抽象討論為具象。 三、此方式可以培養實作能力，激勵「learning by doing」。

由於企業界所使用的提問較適合已能自我對話且獨立思考的成人，為協助國中學生更能聚焦提問，筆者於是將表格重新安排設計，成為下述聚焦衛武營美感教學觀察的提問表格：

表 2　衛武營藝術文化體驗進行自我對話

O：Objective（客觀事實） **what do I see?** Q1 關於這次到衛武營藝術文化體驗，你記得哪些片段或畫面？看到什麼？衛武營整體建築你記得些什麼？有哪些人員一起參與？演出的藝術家是？表演時的神情？表演什麼樂器及曲目？ **閱讀全文**（至少列五點說明或至少書寫五十字） A1 ________	**R：Reflective（感受反應）** **How do I feel?** Q2 你覺得這是一個什麼樣的藝術文化體驗？劇場禮儀說明得如何？衛武營的設施與建築物又讓你感受到什麼？和這些人一起參與的感覺是？音樂家的演奏讓你產生什麼樣的感覺？ **閱讀細節**（至少列五點說明或至少書寫五十字） A2 ________
I：Interpretive（意義詮釋） **What do I learn/found/realize?** Q3 為什麼這些畫面或片段會讓你印象深刻？衛武營的建築物為何讓你有這樣的感覺？對這樂器發出的樂音，你為何有這樣的印象？音樂家的演奏為什麼會讓你產生這些反應？如果你是音樂家你會怎麼看待演奏這件事？ **假設閱讀**（至少列五點說明或至少書寫五十字） A3 ________	**D：Decisional（作出決定）** **What shall we do next?** Q4 有機會你還會再到衛武營藝術中心欣賞表演嗎，為什麼？你會選擇當一名藝術家或是觀眾還是藝術中心工作人員，為什麼？這次衛武營美感體驗改變了你哪些，為什麼？你為自己選擇什麼樣的努力目標，認為自己可以完成嗎，為什麼？ **發現閱讀**（至少列五點說明或至少書寫五十字） A4 ________

從總體觀察（整體到細部，假設到發現），挑出對自己而言特別的部分再作深度思考，記錄之後連結核對自己過去舊有經驗或他人經驗，再次思考，重新成為新體驗，此即為杜威博士「從做中學」的核心概念，於是學生的新學習才能發生，也能依據學生原有的資質與生活環境為基礎，得到向上提升的學習連結，以達到學習目標與效果。

三　美感刺激後學生之反饋

（一）「藝企學」南臺灣校園美感教育推廣計畫

本寫作課乃搭配衛武營「藝企學」南臺灣校園美感教育推廣計畫，該企劃由教育部、文化部、民間企業合作，為中小學生營造一次進入國家級藝術中心學習體驗的機會。

該企劃不僅用心，每位參與學生還能實際拿到一張由兩廳院販售的門票（圖1），與一份印製精美真正模擬欣賞國家藝術所購買的精緻節目單，此為衛武營教育推廣小組精心製作該場次表演節目單及學習單（圖2）。學生在到達衛武營等候其他學校學生集合的同時，正也親身進入精緻建築並獲得臨場感受，筆者帶領學生實際參與的場次，正巧是衛武營音樂廳鎮廳之寶——管風琴演奏。

衛武營國家藝術文化中心音樂廳擁有亞洲最大的管風琴，集結當今管風琴的各種功能：可從古典彈到現代，而管風琴左右不對稱的音管造型設計，仿造竹林的意象，實質音色也各不同，主管風琴適合與交響樂和合唱團合奏，回聲管風琴音色細膩，適合演奏巴洛克風格的作品，而一般十分隱密的管風琴琴室，在擁有百年製造管風琴經驗的德國製造商 Johannes Klais Orgelbau 巧思下，特別為衛武營的管風琴琴室打造一面透明櫥窗，賦予這座管風琴可做教學使用之用途。[11]

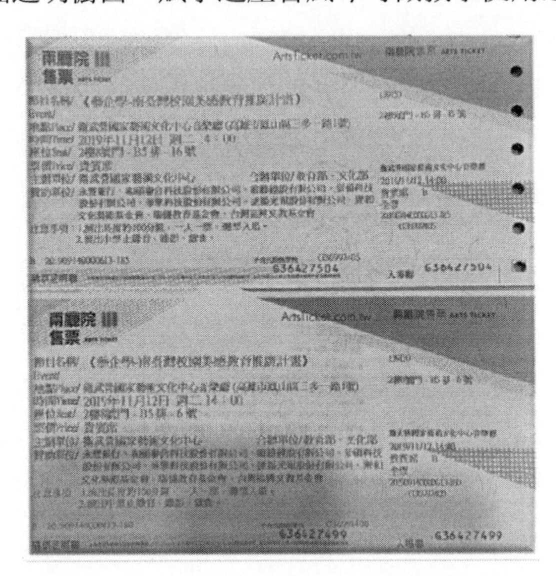

圖1　學生首次體驗持有兩廳院販售衛武營節目之門票

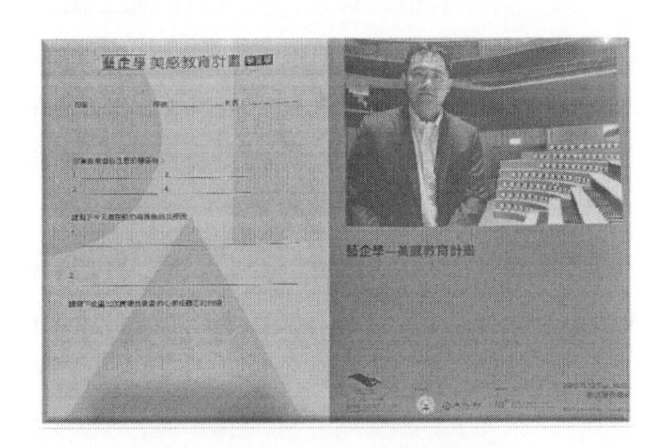

圖2-1　劉信宏管風琴音樂會節目單及學習單正面（折頁封面）

11 根據「藝企學」南臺灣校園美感教育推廣計畫（高雄：衛武營藝術文化中心，2019年），頁10-11。

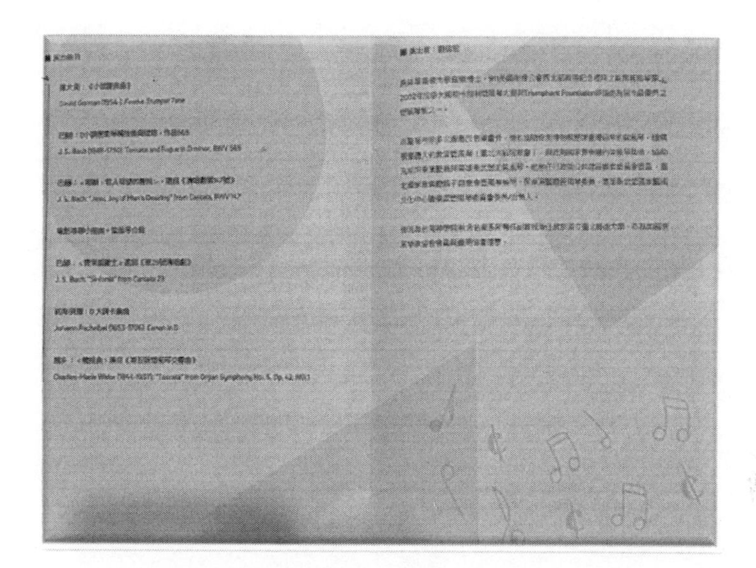

圖2-2　劉信宏管風琴音樂會節目單及學習單背面（折頁內層）

圖3　留美管風琴音樂家劉信宏博士

當天為學生演奏的音樂家為留美管風琴博士（圖3）——劉信宏[12]，考量多數學生為首次接觸國際級場館廳院，「藝企學」南臺灣校園美感教育推廣計畫從「欣賞表演體驗」、「劇場禮儀」及「國際廳院介紹」三大區塊安排，整體時間與教學規劃如下圖：

時序	項目	體驗說明	體驗重點	負責人員
30-40min	入場	1. 下車及整隊 2. 持票驗票入場 3. 引導入座	場館環境外圍介紹 前台人員服務	前台服務人員
10min	劇場禮儀	1. 服裝禮儀 2. 場序說明 3. 欣賞表演禮儀	劇場氛圍 劇場知識	主持人
10min	國際廳院介紹	1. 衛武營場館簡介 2. 廳院特色介紹	國際觀培養 美學知識	主持人
40min	欣賞表演體驗	演出欣賞	美感/美學體驗	藝術團隊
10min	Q & A	現場開放問答		
美感體驗圓滿/歸賦(或依各校自行安排後續活動)				
總計時間		90-100 分鐘		

圖4　「藝企學」南臺灣校園美感教育推廣計畫活動安排規劃

12 劉信宏，美國華盛頓大學音樂博士，九一一美國衛理公會西北部教區紀念禮拜之首席管風琴家，加拿大國際卡加利管風琴大賽與Triumphant Foundation評論他為當今最優秀之管風琴家之一。返臺至今除多次應邀於音樂會外，也協助建構奇美博物臺灣最早的管風琴、臺北大稻埕教會管風琴與國家音樂廳的管風琴整修，近期協助完成屏東演藝廳與亞洲最大的高雄衛武營音樂廳管風琴。

整個體驗活動含有：劇場禮儀（服裝禮儀、場序說明、表演禮儀）、國際廳院介紹（衛武營場館簡介、廳院特色介紹）、欣賞表演體驗（由各場次安排不同藝術表演），由館方服務人員、主持人與藝術表演團體、參與體驗的各級學校師生共同完成。

學生集合領到票券（圖1）後，必須持票券接受館方人員驗票（圖5），撕下入場聯後再次集合（圖6-1），部分學生於演出前先上洗手間（圖6-2），再憑票券進入音樂廳（圖7-1），憑票券座位號碼對號入座（圖7-2），票券上清楚標明節目名稱（Event）、地點（Place）、時間（Time）、座位（Seat）、票價（Price）、主辦單位、合辦單位、贊助單位，以及注意事項「一、演出長度約一百分鐘，一人一票，憑票入場。二、演出中禁止錄音、錄影、飲食。」從握有真實票券的視覺與觸感，至魚貫進入音樂廳欣賞表演，讓學生真正體驗一場國家級藝術如何進行。

圖5　學生接受館方人員驗票

圖6-1　撕下入場聯，再次集合、等待的學生

圖6-2　貼心提醒學生表演開始前可先如廁

之後館方服務人員發放給學生一人一份節目單（含學習單）（圖2-1、2-2），節目單則為 A4裝面印刷對摺頁，完全模擬欣賞藝術節目時觀眾購買之節目單，上頭清楚標示節目名稱、藝術簡介、表演曲目：「德大衛：《小號慶典曲》（David German〔1954-〕: Festive Trumpet

Tune)、巴赫：D 小調管風琴觸技曲與賦格，作品565（J.S. Bach〔1685-1750〕: Toccata and Fufue in D minor, BWV 565)、巴赫：〈耶穌，世人仰望的喜悅〉，選自《清唱劇第147號》(J.S. Bach: “Jesu, Joy of Man’s Desiring” from Cantata, Bwv 147)、電影串聯小組曲＋管風琴介紹、巴赫：〈齊來感謝主〉，選自《第29號清唱劇》(J.S. Bach: “Sinfonia” from Catata 29)、帕海貝爾：D大調卡農曲（Johann Pachelbel〔1953-1706〕: Canon in D)、魏多：〈觸技曲〉選自《第5號管風琴交響曲》(Chares-Marie Widor〔1844-1937〕: “Toccata” from Organ Symphony No.5, Op.42 NO.1)。不因為此為校園學生場而在節目單上有所馬虎，清楚標示作品中文譯名及原文名稱，更擔心過多古典音樂會讓第一次進音樂廳的孩子有所畏懼，在表演曲目中安排孩子們耳熟能詳的電影、卡通配樂。學習單則簡單而慎重地三道題目重點式提問學生：欣賞音樂會該注意的禮儀（四項)、今天最喜歡的曲目及原因、寫下或畫出欣賞音樂會的心得或難忘的回憶。

圖7-1　憑票券進入音樂廳

圖7-2　學生憑票券座位號碼對號入座

由於此為文字填答提問，據筆者將學生填答完的學習單回收（兩個班級共五十六位國中學生，扣除兩位學習障礙有書寫困難的孩子，共五十四份填答完成的學習單）作質性（部分量化）研究，整理分析後如下所陳：

一、根據學習單第一題提問「欣賞音樂會該注意的禮儀有」，學生填答情況如下：

此項提問之解答未出現在節目單中，學生必須專注聆聽當天舞臺上主持人劇場禮儀說明，並當場記錄寫下。所有回收學生填答完的學習單上，第一大題全寫滿四項注意事項。學生寫下：

（一）禁止吵鬧（98%）；（二）禁止飲水飲食（90%）；（三）儀容端莊（48%）；（四）禁止錄影錄音（40%）；（五）該項次節目曲畢時，再給予適宜適量的掌聲（34%）；（六）手機關機（22%）；（七）禁止隨意離席（12%）；（八）尊重臺上表演者，專注聆聽觀賞（4%）；（九）對號入座（2%）；（十）坐姿端正（2%）；（十一）禁止遲到（2%）。

學生大多能注意到維持國家藝術中心音樂廳整潔、寧靜（國中學生會以較具體的詞彙陳述：不可以吃東西、不可以喝水、不可以飲食等），並要求自己穿著、行舉、坐姿（國中學生會以較具體的詞彙陳述：不可以戴帽子可能會影響座位後衛方觀眾視線、不可以穿拖鞋等），禁止攝影錄音，以尊重表演者，特別是第五項，學生當天觀察到其他學校的學生熱情地向臺上表演劉信宏教授頻頻給予熱烈掌聲，然非該項節目最後一支曲子，研究中的孩子們觀察到臺上劉教授只要聽見掌聲，立即從管風琴座位上「滑下」，端正站立於舞臺，且立馬給予掌聲的觀眾深深一鞠躬。由於管風琴座位為方便腳步踩踏踏板而設計，劉信宏教授頻頻「滑下」座位向觀眾鞠躬十分不便，學生們觀察體會到應該是「節目曲畢時再給予適宜掌聲」，而非「每一首曲子」或「演奏技巧精湛高潮」時給予掌聲。此算是此趟體驗劇場禮儀教學中孩子們從同儕裡做最仔細的觀察與最大的收穫。

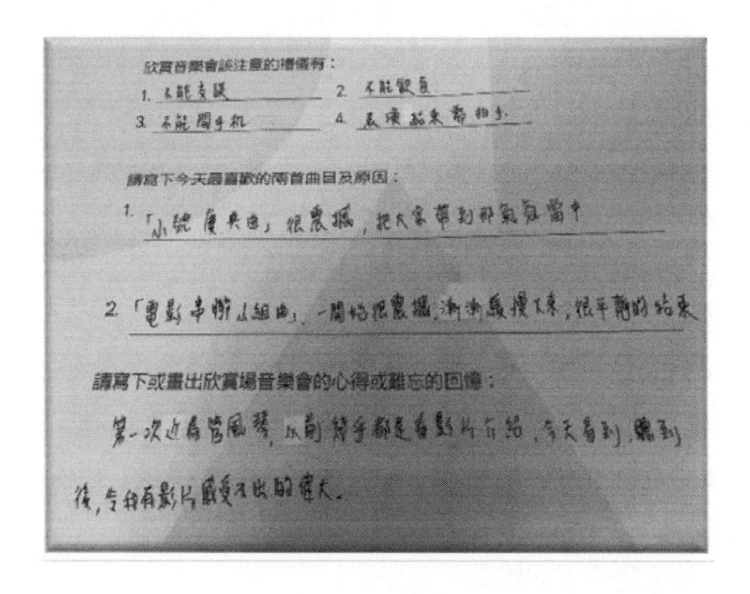
欣賞音樂會該注意的禮儀有：
1. 不能交談　2. 不能飲食
3. 不能開手機　4. 表演結束需拍手.

請寫下今天最喜歡的兩首曲目及原因：
1. 「小號慶典曲」很震撼，把大家帶到那氣氛當中
2. 「電影串聯」組曲，一開始很震撼，漸漸緩慢下來，很平靜的結束

請寫下或畫出欣賞場音樂會的心得或難忘的回憶：
第一次近看管風琴，從前幾乎都是看影片介紹，今天看到、聽到後，才知看影片感受不比的偉大。

圖8-1　衛武營「藝企學」該場音樂會學習單甲學生填答

二、根據學習單第二題提問「今天最喜歡的兩首曲目及原因」，學生填答情況如下：

大多數學生能根據節目單上陳列節目名稱填寫，大部分九年級同學因為看過電影，因此能在電影組曲中找尋自己喜愛曲目，並清楚地將名稱及原因寫下，依據演出曲目順序排列：

（一）德大衛：《小號慶典曲》（20%），同學寫下因為：1、音樂家一出場即給人震撼；2、歡樂氣氛；3、輕快節奏讓人快樂起來；4、節奏比較快速。

（二）巴赫：D 小調管風琴觸技曲與賦格，作品565（24%），同學寫下因為：1、劉教授完美地將震撼展現出來，音樂課曾學過；2、老師讓我們聽過；3、沒想到能在現場聆聽；4、很熟悉的曲子；5、從開始的的氣勢和結尾都讓人驚豔；6、前半段恐怖後半段輕快。

（三）巴赫：〈耶穌，世人仰望的喜悅〉（10%），同學寫下因為：1、音調與音量適中；2、音色柔和；3、光是前奏已經讓人沉醉其中。

（四）電影串聯小組曲：歌劇魅影（28%），同學寫下因為：1、與管風琴激昂的音色太搭了；2、開頭雖被嚇到但很好聽；3、感覺自己就在《歌劇魅影》的現場看劇；4、管風琴演奏此曲很特別；5、很震撼卻舒服；6、管風琴管子隨音樂發光；7、有臨場感；8、在音樂課堂上聽過；9、本來就喜歡，今天親耳聽很震撼。

（五）電影串聯小組曲：獅子王（16%），同學寫下因為：1、樂曲輕快；2、舒朗；3、不沉重，電影獅子王配樂本就好聽，加上以管風琴演奏更美妙，旋律美妙動聽。

（六）巴赫：〈齊來感謝主〉（4%），同學寫下因為：1、好聽，有種「主就在身旁」的感覺。

（七）帕海貝爾：D 大調卡農曲（70%），同學寫下因為：1、劉教授技巧令人震撼；2、彈奏的時候很忙；3、劉教授彈奏慢板；4、劉教授還創造出自己的演奏曲風，樂曲衝擊心弦；5、樂曲柔和；6、曲調輕快；7、令人開心享受；8、放鬆感；9、今天唯二聽過的曲子；10、較常聽見；11、舒服溫柔；12、耳熟能詳；13、展現魄力；14、悅耳動聽；15、令人開心；16、感動；17、很美妙；18、很優美；19、柔和與其他演奏曲子給人感受不同；20、小時候就喜歡；21、用管風琴演奏是第一次聽，管風琴的銅管還配合節奏發亮。

（八）魏多：〈觸技曲〉選自《第5號管風琴交響曲》（18%），同學寫下因為：1、輕靈的曲風；2、很有氣勢；3、精彩，劉教授精湛的技巧令人驚豔。

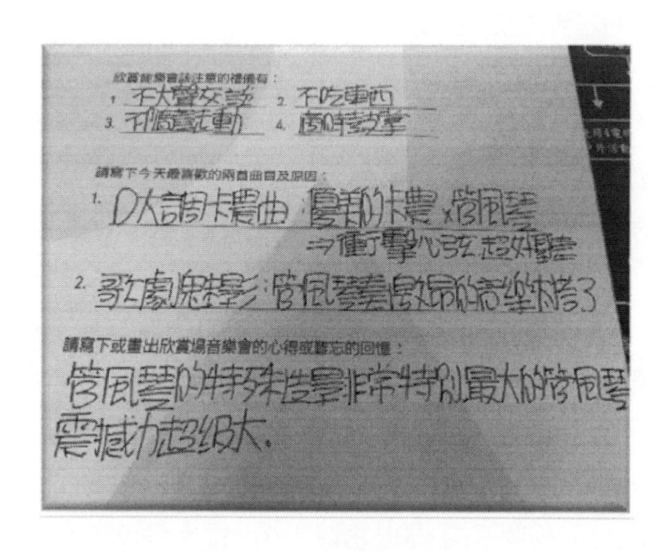
請寫下今天最喜歡的兩首曲目及原因：
1. D大調卡農曲：優美的卡農X管風琴⇒衝擊心弦超好聽
2. 歌劇魅影：
請寫下或畫出欣賞這場音樂會的心得或難忘的回憶：
管風琴的特殊造型非常特別最大的管風琴震撼力超級大。

圖8-2　衛武營「藝企學」該場音樂會學習單乙學生填答

三、根據學習單第三題提問「請寫下或畫出欣賞音樂會的心得或難忘的回憶」，學生填答情況如下：

由於這個部分學生都以散文方式填寫（圖8-1、8-2、8-3、8-4），是故筆者在分析填答做歸類統計時，增加一些難度，為了分類整併，不得不拆解同一位學生的填答。

（一）寫建築物（衛武營音樂廳）者（24%）同學寫下：1、很高興能夠到衛武營參與這一場音樂盛宴，一進到音樂廳就被獨特的葡萄園式建築驚豔；2、一進入音樂廳就看到很多管子，覺得很新奇，沒想到管風琴演奏開始更為震撼；3、去過這麼多次衛武營，還真的第一次進到音樂廳裡，一進入就被那強大的氣勢嚇到了；4、第一次進入如此高級的音樂廳；5、沒想到臺灣也有世界級的音樂廳；6、音樂廳的設計十分特別、十分漂亮！7、音樂廳的裝潢很漂亮，木頭也有香味，整體而言震撼又驚豔！8、音樂廳的每一處設計都別出心裁，讓音樂的呈現能更上一層樓。

（二）寫音樂家（劉信宏教授）（12%）同學寫下：1、能欣賞當今最優秀的管風琴家之一的表演，我感到很榮幸；2、真的很難得可以聽到這麼優秀音樂家的演出，一生可能只有一次機會！3、演奏者有相當高的水準。

（三）寫管風琴者（50%）同學寫下：1、管風琴的表演令人印象深刻；2、音樂廳非常安靜，管風琴的聲音像跳舞般地在耳邊鑽來鑽去，超酷的；3、第一次看到真實的管風琴，曾經在電視裡見過的管風琴如今就這樣擺在我眼前；4、我從來沒見過管風琴，有這種機會的我們真的非常幸運；5、第一次見到管風琴，它的管子共有五層樓高，還有九千多個，覺得很驚訝；6、管風琴的管子在樂曲演奏時，突然有燈光和顏色點綴，整個氣氛變得很不一樣！7、這是亞洲最大的管風琴，慶幸我有參加；8、亞洲最大的管風琴，讓每一首曲子都神聖莊嚴；9、以前曾見過管風琴的影片介紹，今天第一次近距離看且聽，令我有種影片感受不出的偉大感覺。

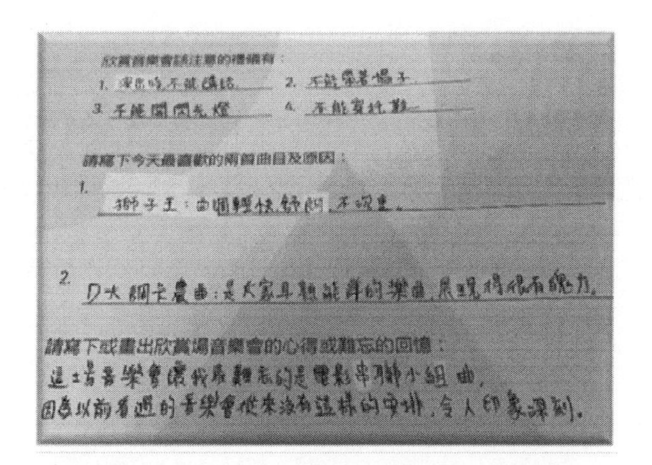
欣賞音樂會該注意的禮儀有：
1. 演出時不能講話。 2. 不能帶著帽子
3. 不能開閃光燈 4. 不能穿拖鞋。

請寫下今天最喜歡的兩首曲目及原因：
1. 獅子王：曲調輕快舒暢，不沉重。
2. D大調卡農曲：是大家耳熟能詳的樂曲，展現得很有魄力。

請寫下或畫出欣賞場音樂會的心得或難忘的回憶：
這場音樂會讓我最難忘的是電影串聯小組曲，
因為以前看過的音樂會從來沒有這樣的安排，令人印象深刻。

圖8-3　衛武營「藝企學」該場音樂會學習單丙學生填答

（四）寫表演樂曲者（38%）同學寫下：1、管風琴一演奏，整個聲音在這一間音樂廳裡被包覆著，十分響亮；2、第一次聽到管風琴的音色，在現場比在家用喇叭聽還好；3、第一次近距離聆聽管風琴演奏，比我想像得還厲害；4、樂曲非常好聽；5、印象最深刻的是電影串聯組曲，在過去參加的音樂會中，從來沒有這樣的安排。

（五）其他（46%）同學寫下：1、這是一次非常棒的體驗，我要感謝每一位能讓我們參加此活動的人，因為你們，讓我又學到很多，謝謝！2、第一次進入衛武營參加難得的音樂會；3、我覺得這次的演奏讓我感到震撼，音樂很棒，是個珍貴的經驗。若有機會我希望能再多聽幾場音樂會，不僅能增加自身經驗，也能提升自己的素養，很高興有這次的機會欣賞這難得的表演。4、今天的行程充分介紹衛武營、音樂廳、管風琴，並讓我們了解表演禮儀；5、真的很喜歡老師這次為我們安排的教育計畫；6、這是一場難得的音樂會，讓我聽得好陶醉，希望我下次還有機會參加；7、第一次和同學一起到衛武營聽音樂，感覺很讚；8、從進入衛武營內部開始，就覺得國文老師真的很厲害，可以讓我們來到這一場國家級的演出，其中的曲子，更讓人想再聽好幾遍。莫名地覺得，正在上班的媽媽不能參加，好可憐！9、坐在二樓聲音和視覺都非常好的位置觀賞表演，感到新奇與震撼：臺灣有這樣的人才與樂器設備，而且居然在南部的高雄！10、聽完這場音樂會後，讓我更喜歡音樂！11、坐在音樂廳裡，視覺與聽覺都是一大享受！

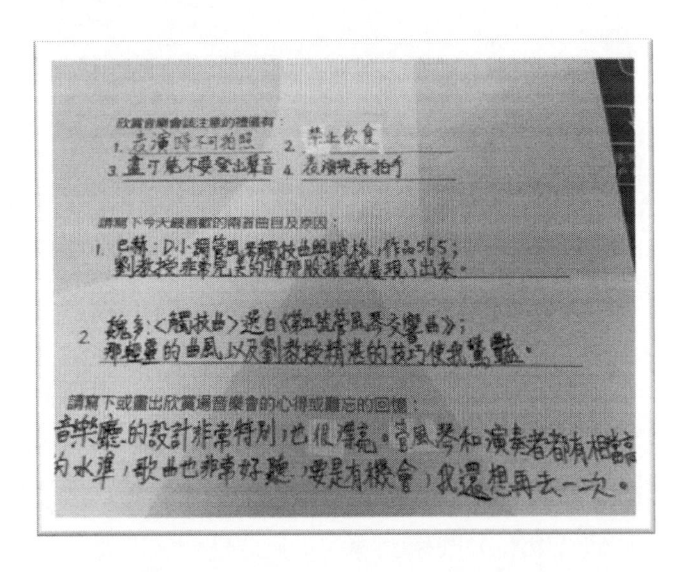
欣賞音樂會該注意的禮儀有：
1. 表演時不可拍照　2. 禁止飲食
3. 盡可能不要發出聲音　4. 表演完再拍手

請寫下今天最喜歡的兩首曲目及原因：
1. 巴赫：D小調管風琴觸技曲與賦格，作品565；劉教授非常完美的將[illegible]表現了出來。
2. 魏多：〈觸技曲〉選自《第五號管風琴交響曲》；那輕靈的曲風以及劉教授精湛的技巧使我驚豔。

請寫下或畫出欣賞這場音樂會的心得或難忘的回憶：
音樂廳的設計非常特別，也很漂亮。管風琴和演奏者都有相當高的水準，歌曲也非常好聽，要是有機會，我還想再去一次。

圖8-4　衛武營「藝企學」該場音樂會學習單丁學生填答

學生都能從建築外觀、管風琴、演奏者、樂曲、內心感受作填寫，也都感謝有機會參與這樣的盛會，獲得驚豔且難忘的經驗，更希望有機會能再參與衛武營美感教學計畫。

(二) 高師大國文系學生共同合作參與

本此寫作計畫有幸得以與高師大國文系、數學系大四部分學生一起合作（圖9-1、9-2），由於這些來自臺灣各地的同學平時與筆者一起討論教學實務現場，未來也可能從事教育工作，培育優質下一代，此次邀請從未真正進入衛武營的他們於二○一九年十一月十二日帶領國中學生參與衛武營美感教育，近距離觀察國中生以實際活動經驗增加了解國中學生，也進入衛武營廳堂，共同聆賞一場美妙的管風琴演奏。

圖9-1　高師大國文系、數學系學生於合作期間表現令人激賞

筆者於活動前與大學生們作充分的討論與溝通，時間安排與規劃、國中生可能發生的狀況、工作任務等，大學生們在活動結束回饋單分享：

高師大學生 A 回饋

> 每次與不同年齡學生的相處，都令我感觸良多，此次前往衛武營擔任小隊輔，更讓我深刻體會到學生跟教師的差別。和學生相處，我擔憂的問題是會不會和學生產生代溝？自從上大學後，我發現自己和生活的連結似乎變少了，固定的生活模式，導致我對新資訊的傳遞少了敏感性，若想要和 e 世代的學生有

> 好的交流，我應該主動去接觸不同的訊息。……擔任隊輔的經驗，讓我直接接觸學生，就近觀察他們的生活模式，比起一般於課堂上所講的知識，真實的經驗帶給我不少震撼，我想像中的教學情境，和實際教學現場大不同，藉由一次又一次與學生相處的經驗，讓我體會到擔任教師肩負的重大責任，期望有朝一日後我也能承擔起這份重任。

該大學生從自己同學與國中生相處模式作觀察，以反省自身該從何處著手改進與學習。

高師大學生 B 回饋

> 這次的「鳳西國中國文科美感寫作課程」(衛武營篇)，老師邀請我們這些大學生擔任「隊輔」，一方面讓我們有機會接觸正值青春期階段的國中生，近距離地觀察他們，藉以了解現在國中階段的孩子們都在聊些什麼、做些什麼；一方面讓我們有機會體驗全臺灣獨一無二的葡萄園式音樂廳，享受舉世聞名的管風琴大師為我們彈奏的悠揚樂章，感受前所未有的視覺與聽覺震撼。……從那一刻起，我就給自己下了一個承諾：在往後實地學習的課程中，我一定要先做好萬全的準備再進入戰場，無論是試教之備課，或是活動的事前準備，亦或是輔導學生的課程設計等，我都必須先準備好。經過這次的經驗，我體會到如果有先好好下功夫準備，不僅可以讓自己在上課或帶活動的時候，言之有物，也可以讓自己更有自信，無所畏懼面對任何狀況！

該大學生反省自己應該在事前清楚準備好與學生相處時的提問、衛武營藝術中心、管風琴等相關資料，才能更充分自信的展現。

高師大學生 C 回饋

> 我很佩服老師願意給予學生接觸新領域的機會，讓學生增加眼界和視野，活動事前的籌備工作:寫企劃書、交通方面、與學校家長聯繫等等，老師背後付出的辛苦可想而知，期許自己之後身為一位教師，能給予學生多元的平臺和管道去學習，讓他們能從中找尋自己的興趣和潛力，讓他們能發現自己的長處，進而對自己產生自信。透過這次活動，我深刻的認識到學習不只侷限在教室，哪裡能學習哪裡就是教室，現今的素養教育講求的是結合知識、能力與態度，是一種持續的自我學習改變的能力，而美感教育也是一種素養教育，學生能透過教育學習到美的素養，以及運用素養能力品鑑出事物品質的差異，這種能力也適用於與外界的溝通，因為藝術學習能讓學生具備敏銳的眼光和智慧的心來觀察這個世界，期許自己未來教學時，能不設限於教室內，能帶領學生跨領域的多元學習、增進他們的視野。

該大學生觀察到學習應該多元、多方、跨領域嘗試，不侷限於教室內的學習，這次衛武營活動就是一場美感行動學習教室，開啟學生視野與經驗。

高師大學生 D 回饋

> 老師在臨行前先幫我們分好組，並且提醒我我們這組有個小男生比較頑皮要我多注意點。到了當天，一開始集合的時候我故意裝得很冷酷，想先試探孩子們的反應，沒想到其實是我多慮，國中同學下車時還會遵照老師交代，很仔細地復原遊覽車座位。在過程中我也跟他們聊天，問他們會不會期待今天的音

樂會？有一部份的同學很期待，因為自己從沒參加過這種活動；但一部份的同學答案是否定的，因為他們怕自己聽不懂，我就跟他們說沒關係，我也是第一次聽，就好好欣賞吧！……除此之外我也特別叮嚀學生這次的音樂會欣賞是結合美感寫作。最後我發現：在班級經營上，有時候理論不是萬能的，要真正去實踐後才能找到屬於自己的一套方法。

該大學生發現自己原先對國中學生心存搗蛋頑皮的印象，此次活動後體會了自己與所帶領的國中生，於衛武營音樂廳管風琴演奏被淨化提升了不少，課堂的理論需要實際印證體驗。

高師大學生 E 回饋

我的工作是隊輔的角色，事前的工作，主要是聯絡同學，透過資訊的傳達，可以讓同學們更加了解工作內容，我相信溝通也是很重要的一環，透過大家對這項計畫的認同以及參與感，可以讓活動更加的流暢以及順利。……我覺得學生因為出門在外難免會有點興奮開心，所以要隨時注意安全……這次的活動可以讓我反思自己對於師生相處模式的想法和觀點。

該大學生聯繫所有隊輔及作好溝通，並反思師生相處模式，從中體認溝通協調的重要性。

高師大學生 F 回饋

這次有幸能有這個機會跟國中學生一同觀賞管風琴演出，在欣賞音樂之餘，也進一步觀察國中生的相處模式。國中生遠比我想像中的還要乖巧，或是說怕生。跟在班上的朋友們能夠好好相處、聊天，但隨行的我們一搭話，卻會避開眼神，講話音量也相對變小。在參與這個活動遇到的問題比較少，較為困擾的是，在帶學生下車行走時，有些人會因為想要跟比較要好的人聊天而脫隊，如果不時時轉頭查看和出聲提醒的話，學生與老師的距離會差一大截。依然感謝老師給予我們機會參與這個活動！

該大學生觀察自己帶領國中生過程中國中學生言行細節，做為調整未來與學生的相處方式。

高師大學生 G 回饋

老師在課堂中告知這項活動，我便引頸期盼，一方面是有此機會見習國中教學現場，另一方面是好奇美感教育與寫作能碰出什麼樣美妙的火花，心中抱著許多疑問和期待，終於迎來活動當天。活動當天，就像是絕妙的交響樂，不僅僅是管風琴演奏所帶來的聽覺盛宴，初見學生的喜悅、一睹劇院的驚喜、觀察學生個性的新奇感……，也將這項活動交織成一首動人的心靈交響樂，每一音符都帶給我無數的感觸。……從學生步入音樂廳、演出進行、序幕，此趟音樂會可說是行動教室，讓學生從經驗中學習，教導學生認識音樂廳設備、管風琴結構、世界音樂名著、甚至是音樂廳禮儀，這些經驗是學生在教室、在家庭中所無法接觸的。看著學生在活動學習單上用心的筆記與回饋，以及學生臉上洋溢著微笑和驚訝，我想此次活動學生想必收穫滿囊，更在心中留下不可抹滅的珍貴回憶。此次活動我學到最多的是事前籌備的準備工作，在老師身上，我看見「只要有想法，就能實行」的精神，敬佩老師的高效的行動力。……

願身處在教育界的教師服務的熱情永不熄滅，為教育注入新活力，而我也正努力朝著此目標前行。

該大學生觀察行動教室學習讓學生從實際經驗中深刻體驗，這些都是在原來的教室、課本、家庭無法習得，期許自己未來成為教師，對教育的熱情與執著能夠永不熄滅。

圖9-2　九年級學生活動結束返校後的滿足神情

整體而言，大學生們都能在這一次衛武營美感教學活動中，稱職地擔任好自己的角色與任務，特別是「由學生轉換為管理學生」的學習，多數大學生一是第一次進入國家級音樂廳堂，從中觀察國中學生在音樂廳的表現，對未來從事教職的他們來說，除了與學生相處是一寶貴經驗；如何轉換教學空間，運用國家、地方公共資源作為自己未來異地教學的一部份，且能因為接觸不同世代的學生，持續更新精進教學知能，對這些即將步入職場大孩子而言，真如打一場實戰，從中以自己方式拾取課堂理論所無法感悟的美感教學精髓。

（三）國中生美感寫作學習單撰寫整理與分析

在筆者帶領學生參與衛武營美感企劃前一個月，筆者先上簽呈學校行政單位單位做好各種事務協調，並與學生家長溝通，且邀請有空也願意隨行的家長一起同行[13]，榮幸地邀請一些願意和孩子一起共學的家長協助處理孩子突發狀況。

並在課堂上發下裝訂成冊的「焦點討論單」、「美感寫作單暨感謝函」與學生說明此次參與衛武營美感教學的進行流程，多數學生多表示期待已久，對於自己就住在衛武營附近社區，卻從未踏入衛武營內部表達遺憾，終於可以藉由此次衛武營教學計畫一償夙願；但也有少部分同學覺得能在球場上揮汗打球，比起坐在衛武營音樂廳聽音樂更為舒服享受。但在經過三小時衛武營洗禮後，全數同學覺得衛武營教學非常值得，期盼還有機會再進入。

經過筆者回收自己設計「焦點討論單」、「美感寫作單暨感謝函」，兩班學生共回收五十六份衛武營美感寫作計畫報告，扣除兩位學習障礙、書寫困難的資源生，共五十四份學生報告。由於本寫作計畫為質性研究，每學生必須做文字書寫，每份寫作報告八頁，五十六份報告共四四六頁，經過近兩個月的批閱、檢視、潤飾，礙於本論文篇幅無法將每一位同學寫作單呈現在本論文，僅能焦點地將六位同學（學生A：編號21325、學生 B：編號21315、學生 C：編號21329、D：編號30218、E：編號30206、F：編號30207）報告原貌呈現於論文（圖9-1-1至9-3-6），其餘學生報告則整理分析如下：

13 見附件，家長共同參與暨同意書。

1　焦點討論單

（1）O：Objective（**客觀事實**）what do I see?

關於這次到衛武營藝術文化體驗，你記得哪些片段或畫面？看到什麼？衛武營整體建築你記得些什麼？有哪些人員一起參與？演出的藝術家是？表演時的神情？表演什麼樂器及曲目？

學生的回答是：

一、寫建築物（音樂廳、管風琴等）：

（一）壯觀華麗的音樂廳和特殊的建築結構，一進入就讓人目不轉睛。（學生編號21306）

（二）一看到衛武營的建築，就覺得很有氣勢，再加上裡面有全亞洲最大的管風琴，和留美的表演者，就知道這場表演不是蓋的。（學生編號21312）

（三）第一次進入外型如魟魚這樣高級的音樂廳，而且還有兩座管風琴合併，全亞洲最大的管風琴，管子竟然有九千多根，看起來十分壯觀，況且連廁所都很高級。（學生編號21305）

（四）進場後，看到那些大小粗細不一的音管，一直到音樂會結束，不知為何，竟會讓人起雞皮疙瘩。（學生編號21328）

（五）剛進音樂廳的時候，見到管風琴的當下印象最深。看到許多管子沿著牆壁排列，廳內裝潢優雅，採葡萄園式設計。（學生編號30207）

（六）讓我覺得最震撼的其實是音樂廳而不是管風琴，可能是因為我們的座位沒有距離管風琴很近吧！但音樂廳真的很壯闊，在我們的座位上不會覺得離表演者很遠。（學生編號30203）

（七）低頭被全是高質感的木椅和臺階嚇到，抬頭看到牆壁上的管風琴更是吃驚！（學生編號30214）

許多學生提到衛武營建築物、音樂廳葡萄園式建築、亞洲最大的管風琴、座位、木質構造，以及音樂廳內每個方位對於聲音的感受與視覺無死角的構造。

二、寫表演者（劉信宏音樂家、導覽主持人）：

（一）演奏家那專注的神情，好像在彈琴時沒有任何事可中斷他的演出。（學生編號21301）

（二）表演者專注的神情如灌入流水般，時而湍急的河水，時而涓涓細流的感情於樂曲中。（學生編號21316）

（三）因為表演者專注的演出讓觀眾也跟著專注聆聽。（學生編號30229）

（四）演出過程中音樂家要手忙腳亂地按準每一個琴鍵，真的很厲害！（學生編號30203）

（五）印象最深刻的是當有觀眾拍手，卻還沒有到拍手的時刻，演出者必須要反應很快速地從椅子上站起來像觀眾敬禮，然後才能繼續整理他的琴譜。（學生編號30226）

（六）演奏者是世界大師級音樂家，其音樂悅耳動聽，聽來通體舒暢，讓人五體投地。（學生編號30206）

（七）音樂家一座上表演臺，臉上露出那一臉陶醉其中的模樣，我也跟著沉醉其中，用身體感受音樂。（學生編號30209）

大多數同學都提及觀察到的音樂家神情：專注、陶醉，彷彿沒有什麼東西能阻止音樂家近行演奏。

三、寫表演曲（該場表演節目）：

（一）選曲則是以經典名曲增添一份親切感。（學生編號21316）

（二）演奏歌劇魅影曲子的時候，臺上管風琴九千多根管子發出藍色、紅色燈光，並做顏色轉換，真的十分驚訝！（學生編號30218）

（三）我記得演奏家彈奏了一些像是卡農等有名的曲子，雖然我是個外行人，但我知道他很厲害！（學生編號30213）

由於未有音樂背景，大部分提到曲子的同學印象深刻地的是對於卡農、歌劇魅影、獅子王等而熟能詳或電影配樂樂曲的描述，或著是隨著音樂而轉換燈光色彩，加深對樂曲的印象（聽覺、視覺交融）。

四、寫隨行人員（老師、同學、高師大學生、家長、其他觀眾）：

（一）見到熱心的國文老師、班導、學長姐、其他同學、其他高中職學生。（學生編號21329）

（二）在衛武營集合時，現場人山人海，所有人的臉上都露出迫不急待的表情（想趕快欣賞表演）。（學生編號21328）

（三）師大的老師和工作人員細心的引導我們。（學生編號30222）

（四）帶領我們的導覽人員的那張臉兼具藝術與幽默，但當她說話時的神情又像是在哭，真的不是容易辦得到！（學生編號30205）

多數學生做描述焦點不會在隨行人員上，報告上提到人員的學生也只是簡單幾筆帶過。

（2）R：Reflective（**感受反應**）How do I feel?

你覺得這是一個什麼樣的藝術文化體驗？劇場禮儀說明得如何？衛武營的設施與建築物又讓你感受到什麼？和這些人一起參與的感覺是？音樂家的演奏讓你產生什麼樣的感覺？

學生的回答是：

一、寫建築物（音樂廳、管風琴等）：

（一）音樂廳具有獨特的創意。（學生編號21322）

（二）這種建築像是給有氣質涵養的人進去的。（學生編號21320）

（三）它的外型簡直是鬼斧神工。（學生編號21309）

（四）簡約，不像巴洛克華麗。（學生編號21325）

（五）建築物上的圓弧形屋頂讓我感覺在三六〇度環繞的音響內。（學生編號21318）

（六）走進（音樂廳）就整個是「經典」，像走在那塞納河畔吸取高雅的西歐空氣，因此整個人都「狠」浪漫，如果旁邊坐的是正妹，就真的「很」浪漫了！（學生編號30208）

（七）這是我第一次去衛武營音樂廳，我覺得他的建築很像幽浮，雖然不知道還能不能去第二次，但這次真的是很棒的體驗。（學生編號30203）

（八）見到這麼宏偉壯觀的建築，我彷彿見到一堆白花花的鈔票。（學生編號30201）

學生覺得整體建築物像魟魚又像幽浮，獨具創意簡直鬼斧神工，且是適合給有氣質涵養的人才能進入；有同學從音樂廳內感受出簡約（視覺），甚至把場景拉到塞納河畔（想像）；甚有從建築物建造「價格」打造「宏偉」一說。

二、寫表演者（劉信宏音樂家、導覽主持人）：

（一）劉信宏博士演奏時感覺很享受。（學生編號21311）

（二）我對音樂家很敬佩，也覺得他非常厲害。（學生編號21322）

（三）主持人將聆聽音樂時該有的禮儀，一字不漏地傳達給我們。（學生編號21321）

（四）在音樂家演奏的時候也讓我感受到音樂家對音樂、觀眾的尊重，他想讓我們盡情地享受音樂。（學生編號21317）

（五）演奏令我肅然起敬，近乎完美的音符傳遞出演奏家認真投入的情緒。（學生編號21325）

（六）我感受到演奏者手腳的忙碌，眼睛必須盯著琴譜，腦筋得想著下一個按鍵，但整體看起來並不像忙碌的蜜蜂，卻像個優雅的天鵝。（學生編號30225）

（七）演奏家在彈奏管風琴具有高超水準！暨活潑又不失莊重，在一些旋律上做了一些改變，卻又巧妙地帶過，不會讓人覺得突兀，是一位非常厲害的人物！（學生編號30213）

大多學生提到演奏家在臺上的優雅、從容，明明管風琴鍵盤非常多，必須要手腳並用，但劉信宏教授超乎完美演出讓學生覺得很厲害。另有學生提到舞臺上串場的主持人將整場氣氛營造得活潑，禮儀講解得透澈、生動、實用。

三、寫表演曲（該場表演節目）：

（一）管風琴的演奏音樂，有時候很和諧，有的時候又很瘋狂。（學生編號21320）

（二）現場聆聽和音樂課堂上看影片或聽錄音曲子完全不同。（學生編號21309）

四、寫隨行人員（老師、同學、高師大學生、家長、其他觀眾）：

（一）第一次和同學一同前往這麼文藝氣息的地方。（學生編號21326）

（二）一起和同學欣賞這樣的表演覺得很新奇有趣。（學生編號21319）

（三）自己單獨和家人來聽音樂會的話是還不錯，但會覺得有些無聊；如果是和師長、同學一起聽，感覺就不一樣，像是在彈奏時我會偷偷觀察每個人的面部表情，果然不一樣，有沉醉、認真、驚訝等等，是另外一種樂趣！（學生編號21328）

正處於青春期的孩子仍然期待與同儕同行，但大多數學生提及不太可能與同學一起到衛武營聆聽音樂會。

五、寫其他：

（一）這是一場藝術與文學之旅，表演開始前，為我們講解了許多劇場禮儀，讓大家聽演奏會的時候不會失禮，卻還是有人在表演的時候睡著，還發出打呼聲，真是差勁！
（學生編號21302）

（二）我覺得劇場禮儀代表我們對這場音樂會的態度。
（學生編號21319）

（三）這次體驗了從未體驗過的音樂會，很刺激獨特，音樂好聽、震撼，雖然必須要提早到衛武營而無法午休。
（學生編號21318）

（四）在進入一個這麼大的藝術中心，一個人的禮儀表達一個人的態度。（學生編號21319）

（五）我認為劇場禮儀有非常多的小細節需要注意，因為我們平常生活很少會用得上，所以會疏忽它，現在必須應該擁抱它。
（學生編號30209）

大多數同學提到劇場禮儀表達自己對表演的尊重，卻經常忽略，而有同學則發揮「見賢思齊，見不賢而內自省」的精神，觀察到仍有少部分同學對於表演不尊重，因而表達義憤填膺之憤慨。

（3）I：Interpretive（**意義詮釋**）What do I learn/found/realize?

為什麼這些畫面或片段會讓你印象深刻？衛武營的建築物為何讓你有這樣的感覺？對這樂器發出的樂音，你為何有這樣的印象？音樂家的演奏為什麼會讓你產生這些反應？如果你是音樂家你會怎麼看待演奏這件事？

學生的回答是：

一、寫建築物（音樂廳、管風琴等）：

（一）音樂廳有許多凹凸不平的吸音面，看起來凹凸，整體看來又非常平整，為了搭配舞臺後方的管子發出美妙悅耳的聲音。（學生編號21302）

（二）衛武營無論是外部，或音樂廳內部，都是以一個色調為主的設計，無太多過於浮誇的裝飾。（學生編號21325）

（三）衛武營的建築設計，跳脫以往房子應該要方正的傳統觀念，所以覺得新奇且富有藝術美感！（學生編號21321）

（四）當初從衛武營在建築，大致看出外型時，對它的印象就是飛碟。因為它利用幾何原理，頂部和側面呈現不規則弧形。（學生編號30229）

學生嘗試解釋建築物外型給予的特徵與特色，有的同學從衛武營整體建築寫，也有同學從吸音面、音樂廳色調來解釋。

二、寫表演者（劉信宏音樂家、導覽主持人）：

（一）管風琴的結構相當複雜，不是短時間能學會，需要長時間的苦練和堅定不搖的毅力，才能有今天的表現。（學生編號21306）

（二）若我是音樂家我會非常在意這次的演出，對我來說演奏等同於賦予樂曲靈魂。（學生編號21325）

（三）如果我是音樂家，應該也會像今天這樣認真的演奏，並搭配適時的講解。因為這不只是一場演出，也是對樂曲和樂器的尊重。（學生編號21315）

（四）如果我是音樂家，我會認為觀眾的鼓掌是對我的尊重，也會成為我未來的動力。（學生編號21317）

（五）我覺得越是厲害的人身段越低，這場音樂會的演奏家在表演中展現自己的實力，卻一點也不驕傲，頻頻向我們鞠躬，這是他給我印象最深刻的動作。（學生編號30213）

學生寫音樂家的演奏是整場音樂會的靈魂，從音樂會觀眾熱烈的掌聲可以了解觀眾喜愛這位音樂家，更能想像音樂家在觀眾前非常努力表演，技巧高超卻又不驕傲，頻頻向觀眾的掌聲致謝。

三、寫表演曲（該場表演節目）：

（一）管風琴的音色很好聽，尤其是低音的時候，甚至可以讓人感受到地板也在震動，除此之外，當演奏家在彈奏時，會讓人覺得自己就在那些音符上跳躍，置身其中，有種很特別的感覺。（學生編號21328）

（二）管風琴的聲音有多種變化，有的清脆，有的雄壯，有的催眠。所以觀眾總是在快要睡著的時候被嚇醒。（學生編號21312）

（三）從未接觸過管風琴演出，因此相較於其他音樂表演更讓我印象深刻。它的音色不如鋼琴優美，帶給人的是全然不同的感受。（學生編號21325）

（四）管風琴的最高音和最低音都不是日常生活中能聽到的，最高音達到「蚊音」，還好我還年輕！（學生編號30209）

（五）管風琴的聲音像是身處在充滿樂音的大草原，若我是音樂家，我會神聖地看待音樂表演這件事，因為音樂是從我手中製造，再傳到他人耳多裡，不好聽耳朵會受不了。（學生編號30227）

（六）演奏是一門高深的學問，正所謂「臺上一分鐘，臺下十年功」，再加上管風琴這神聖的樂器，彷彿進入中世紀的教堂，真的是每個音符我都銘記在心。（學生編號30206）

（七）音樂家除了高超技巧之外，也投入相當的感情，令我聽得非常滿足。（學生編號30207）

學生解釋音樂除了技巧，情感也十分重要，這場音樂會彷彿在大草原奔馳，也彷彿進入了中世紀教堂，多變的音色令人心神嚮往，如癡如醉。

四、寫隨行人員（老師、同學、高師大學生、家長、其他觀眾）：

（一）讓我印象深刻的不是建築物和演奏者，反而是在廁所裡的大媽們，那在如此安靜的建築物中，她們的閒聊聲音帶來一些生氣。（學生編號30225）

該學生見到普羅百姓也能進得了音樂廳的藝術普及生活，讓建築物不再是建築物，而多了蓬勃生氣。

五、寫其他：

（一）因為這是我頭一次進入世界級的音樂廳，加上音樂廳內部的壯觀，我開始慶幸臺灣有這樣的文化寶藏，也很高興自己的國家多了個亮點。（學生編號21330）

該學生提到以臺灣的國際藝術展演廳為榮，衛武營讓臺灣在國際上多了亮點。

（4）D：Decisional（**作出決定**）What shall we do next?

有機會你還會再到衛武營藝術中心欣賞表演嗎，為什麼？你會選擇當一名藝術家或是觀眾還是藝術中心工作人員，為什麼？這次衛武營美感體驗改變了你哪些，為什麼？你為自己選擇什麼樣的努力目標，認為自己可以完成嗎，為什麼？

學生的回答是：

一、寫觀眾：

（一）我會選擇當一名觀眾，以後若可以和自己的女朋友一起欣賞音樂，或是……欣賞對方。（學生編號30208）

（二）雖然只有短暫一小時，卻學習很多。希望再次進入衛武營再次接受管風琴帶來的震撼。（學生編號30209）

（三）我會選擇當一名觀眾再度到衛武營聆聽音樂會，希望自己能在藝術領域上有所精進，有更深的體悟，因此必須充實自己，多聽多看。（學生編號30207）

（四）再一次到衛武營我還是會選擇當一名觀眾，雖然比起工作人員可能較少聽到音樂，然而偶爾聽聽音樂會，較能產生新鮮與驚喜感。（學生編號30218）

（五）有機會我還是會到衛武營當觀眾，因為可以坐在觀眾席上欣賞表演是一大享受。（學生編號30225）

選擇觀眾者，希望自己能夠再一次欣賞精湛的藝術表演，以提升自己的藝術涵養。

二、寫其他：

（一）因為我學的不是管樂器，對於這樣的表演較不感興趣，因此我可能不會再到音樂廳欣賞類似的表演。（學生編號30229）

（二）如果有機會再到衛武營，我會想當工作人員，帶領學弟妹，學會負責管理，體諒老師的辛苦。（學生編號30225）

（三）這次衛武營之行讓我改變自己對高雄的看法，居然蓋得出衛武營。（學生編號30204）

（四）有機會我還是會到衛武營欣賞節目，因為它擁有葡萄園式音樂廳，環繞著舞臺，讓每個不同角度的觀眾區，都能享受密度且均質的掌聲。（學生編號30227）

有學生體認到自己的興趣，覺得自己不會再到音樂廳欣賞類似的表演；有學生希望擔任導覽員工作帶領學生；更有學生體認高雄的傑出。

2　美感寫作單暨感謝函

學生完成 ORID 焦點討論單後，腦海中已經有一次次不斷深化的觀察紀錄，再進行文章結構安排圖或寫作心智圖，以有系統地安排組織自己的文章，完成〈那天下午，我和衛武營藝術文化中心的一場邂逅〉一文。

於回收的五十六份學習報告中，扣除兩份學習障礙資源生的寫作單，一共五十四份學生寫作報告。大多數學生能將將結構圖（或心智圖）完成後，進行至少四段焦點透視寫作。學生的架構大約由大範圍（如：衛武營整體建築物、音樂廳、管風琴之音樂管）寫到小範圍（音樂家、同學、自己），由有形（見得著、摸得著）寫至無形（音樂的感受、自己的情緒）。礙於質性研究篇幅，只選錄當中六位同學超齡成熟的寫作作品以進行分析，其餘同學作品僅以文字整理分析說明。

一、（圖9-1-3、9-1-4、9-1-5）國中學生 A 美感寫作單（該學生寫作結構圖見〔圖9-1-2〕）學生編號21325〈那天下午，我和衛武營藝術文化中心的一場邂逅〉（六〇四字）

今天下午是期待已久的管風琴欣賞，只在音樂課本上看過管風琴的我，帶著雀躍的心情準備迎接這場位於衛武營的音樂盛宴。

一踏進音樂廳，就被那獨特的葡萄園式設備和似竹林的管風琴音管所吸引，有別於一般音樂廳，那環形的觀眾席就使人印象特別深刻。而演奏家——劉信宏先生——更使人眼睛為之一亮，他被譽為當代最傑出的管風琴演奏家之一，能欣賞到他那刻楮功巧的演出是我們莫大的榮幸。演出的曲目很多，其中〈D小調管風琴與賦格〉和〈D大調卡農曲〉都是大家耳熟能詳的樂曲，帶給人的感受也各異。在表演過程中，劉信宏先生專注於演出的神情令人感到敬佩，雖然在一些小地方有失誤，但並不影響那跳動於樂譜上的旋律，而且他還在樂曲中添加了完全不同風格的曲調，使中西音樂蹦出新火花，令人耳目一新。

衛武營的建築帶給我第一印象就是簡約，它並沒有巴洛克時期的華麗，只有以單色調為主的設計，使大家在欣賞時能全神貫注於臺上的演出。管風琴和鋼琴一樣能傳遞出演奏家的情緒，使音樂富有生命力。它音色不如鋼琴優美，但卻更能震撼人心。如果我是音樂家，我對每場演出都會極為重視，因為對我來說，演奏並不僅僅是將樂曲完美的呈現在觀眾面前，還要賦予它靈魂和生命力，那樣的演出才會讓我覺得完美。

如果有機會，我還會回衛武營當一位觀眾，因為我喜歡體會藝術和理解藝術家所想傳達的事物。而這次的體驗讓我對音樂的詮釋又有了不一樣的見解，它們不僅僅是活躍於樂譜和音符上的作品，而是擁有靈魂的藝術品。

學生先從衛武營外觀寫起，再提及音樂家與其演奏音樂，從耳熟能詳的表演樂曲中細膩觀察，發覺同樣的曲子音樂家的詮釋與平時聽見的有所不同，從中得出衛武營營造給觀眾的氛圍是關注演奏家，而演奏家則把情感融入樂曲表演裡，讓觀眾坐在音樂廳裡獲得最高級的藝術饗宴。

二、（圖9-2-3、9-2-4、9-2-5、9-2-6）國中學生 B 美感寫作單（該學生寫作結構圖見〔圖9-2-2〕）學生編號21315〈那天下午，我和衛武營藝術文化中心的一場邂逅〉（六二一字）

> 直到幾個星期前，我才知道我們班要到衛武營欣賞管風琴演出，而且演奏的是之前就有所耳聞的劉信宏博士。自從知道消息那天，我就十分期待這場特別的管風琴演奏。
>
> 到了當天，我抱著雀躍的心情上了遊覽車，雖然車上的座位被男生包圍，也不影響我的心情。因為我們比演出時間還早到，所以先在音樂廳外頭集合整隊。一進入音樂廳就見到舞臺中央的管風琴，一開始我和同學們都很疑惑，為什麼這臺管風琴沒有管子？後來才發現管子都裝在牆壁上。音樂廳採用暖色系木質設計，更襯托出管風琴非凡優雅的氣質，單一顏色的簡約設計，不會讓人覺得眼花撩亂，而把焦點集中在表演者身上。
>
> 表演者劉信宏博士上臺向四個方向的觀眾鞠躬後，隨即開始他的表演。第一首是德大衛〈小號慶典曲〉，看著螢幕上特寫的鍵盤畫面，只見到表演者的手指飛快地舞動著，就像穿梭在樹林裡的精靈一般。當然，演奏者的腳也沒閒著，手負責彈奏五層鍵盤，腳則踩著一個大鍵盤，加上鍵盤旁還有很多可以拉起來的小按鍵。總之，我了解到要演奏這樣構造複雜的樂器是非常困難的，所以我真的很佩服演奏家。
>
> 在這麼多首曲子中最令我印象深刻的是巴赫的〈D 小調管風琴觸技與賦格〉。因為這首曲子在音樂課時，音樂老師曾經播放讓我們欣賞，沒想到竟然能在當天聽到現場演奏版，真的很震撼！但我最喜歡的是巴赫另一首的〈耶穌，是人仰望的喜悅〉，在聆聽完這一首曲子，我才了解為什麼大教堂裡會有管風琴，在管風琴演奏時的輕柔旋律琴音下，有一種平靜、祥和的感覺，讓人像回到溫暖的家

一樣的安全感。

在欣賞完這場別開生面的管風琴演奏，走出音樂廳後，我的腦中還在重播令我印象深刻的片段畫面，就像在夢中一樣的不真實。我十分感謝演奏管風琴的劉信宏博士讓我們能聽到這麼高水準的演奏，也謝謝老師和辛苦的工作人員讓我們能坐在音樂廳裡舒服地欣賞美妙的樂曲。這真是非常特別的一次體驗！

B 學生寫到自己對於此次校外教學的期待，再進入音樂廳後，疑惑管風琴為何沒有音管？慢慢理解到整個音樂廳的精緻設計，為了將焦點放在演奏者與音樂上。該學生又觀察到演奏家必須手腳並用，雖然同曲目，現場演奏的樂曲則與音樂課聽聞的不同，更具臨場感、更震撼。

三、（圖9-3-3、9-3-4、9-3-5、9-3-6）國中學生 C 美感寫作單（該學生寫作結構圖見〔圖9-3-2〕）學生編號21329〈那天下午，我和衛武營藝術文化中心的一場邂逅〉（一四五七字）

一行人在一個晴空萬里的日子，特地前往衛武營藝術文化中心參加文化部與教育部所推動的美感教育計畫活動，而我也在行列之中。剛下遊覽車，雄偉的白色建築立刻映入我的眼簾，半圓形的頂遮蔽了半個天空，其內部之大更隨著我們的腳步一一呈現。往前走不久便是售票處。當時，我並不知道它是一間國際級音樂廳的售票處，只覺得它內部典雅，裝潢頗為講究，特別是微弱的燈光，為整個氣氛點綴得更加高雅。

依循著路線走向本次教學計畫主角——音樂廳，一進入音樂廳內，我被震懾得無法言語，想不到不起眼的門後竟然是氣勢如此磅礡的大廳，五層樓高的音樂廳可是我和大多數同學從未見過的。內部擺設處處講究完美，天花板上的點點燈光鑲嵌在精緻的波浪型木紋裝潢內，八角形的木材如剪刀，將一個最大的單一屋頂劇場分成數層樓。入座時，我登時感受到它的座墊品質絕非普通座位可以比得上，經解說才知道，為了使欣賞品質提升，連座位都可以吸音。在音樂廳中央，佇立著全亞洲最大的管風琴，雖然其鍵盤並不起眼，但敲擊琴鍵時，聲音會從兩側五層樓高的音管傳出，在九千多根音管的共鳴下，締造出完美的演奏。

此音樂廳為全臺唯一葡萄園式音樂廳，特色為分散於四面八方的座位，同時也是一個屋頂劇場。政府斥資打造這座藝術文化中心，其背後的意義是什麼？我認為答案就在音樂廳內，這座亞洲最大的管風琴背後的國際意義是：有了這樣建設，在世界舞臺上或許又能再一次看見臺灣，知道臺灣是個擁有各種文化的美麗小國，藉由國際媒體的播報來提升我們國家的形象。政府所作所為不正是為了使我們國際地位提升，讓更多國家認識臺灣，而形成國與國之間的合作嗎？因此，此建設和音樂廳之間的關聯就好比是外交和人民，是環環相扣的，我相信這是增加人們素質外更深的含意。

本次演出的曲目有六首，在瀏覽節目簡介後，我的眼睛為之一亮，我瞄到了幾首熟悉的曲目名稱，它們都是曾出現在音樂課本裡的曲目。當演出者開始演奏時，我便全神貫注地聆聽流瀉於他指尖的音符，這些旋律就好像從音樂課本裡跳出來的課文，一個個生硬的文字轉為鮮活的旋律，迴盪在我的耳邊——原來，這個演出本身就是個活的課程，有別於傳統的教學，它以音符為課文，以音樂廳為教室，帶領所有人進入音樂的世界，卓越的演出配上音樂廳，我上了一堂最生動的音樂課。

演出者的好夥伴——管風琴，擁有一個五層手鍵盤和一個腳鍵盤，其彈奏難度一定遠大於一般鋼琴，聽者從鍵盤上傾瀉而出的曲目，我不禁暗想：從單一一個音符到一首美妙的曲子到底要經過多少年的努力？要流下多少汗水？要耗費多少精神和時間？這當中的辛苦和疲憊在多年後想必都值得了吧？但有太多人撐不過中間的苦。在數年前，我也曾學習鋼琴，但還沒等到蛻變，我就因種種因素放棄了，這回憶中，我找不到自己辛苦努力的片段，所以鋼琴對我而言只是普通的回憶。可是如果像演出者，努力不懈直到成為臺灣管風琴演奏權威，那應該是刻骨銘心的回憶、人生的深刻故事。因此我了解：如果想要專精於某事物，那就至少要付出一萬小時的努力，不是嗎？

在優美的演出後，我們準備搭車回校，一路上，我回憶起剛才的種種：白色穹型的牆、售票廳的美、音樂廳的內部裝潢、鮮活的音符、背後的意義和演奏者多年來的堅持……。從這次的體驗，我看到了比曲目更深層的道理：音樂廳和外交的關聯，也和我密不可分；熟悉的旋律和名稱，使我看到了不一樣的課本；演奏者自信的完美演出，向我訴說著多年來的努力十分值得。倘若，未來的我身處於人生的逆境，我就可以從我的經驗，學會永不放棄，雨後的彩虹只留給撐得過風雨的人。以後，我也將持續以熱愛思考的態度品味生活中的美妙。

在衛武營進行教學過程中，筆者觀察到 C 學生不停認真筆記，當其他同年齡學生或高於 C 學生學籍的青少年，因為校外參觀形式教學與坐在教室學習環境改變，經常展露興奮玩樂的心情，該學生雖然也顯現放鬆，但認真地將沿路細膩觀察到的事物，一筆一筆記錄在筆記本上，因此於其觀察與文章寫作上內容則豐富許多。C 學生有組織地先從進入廳內的動線寫起，將映入眼簾的一切記錄於寫作中，音樂廳的建築設計、座位安排、座墊材質等，最後體會到國際級的音樂廳其實是將臺灣推向國際，而這次的美感教育計畫是一個完美的活課程，更讓他熱愛思考與學習。

圖9-1-1　學生A美感寫作單

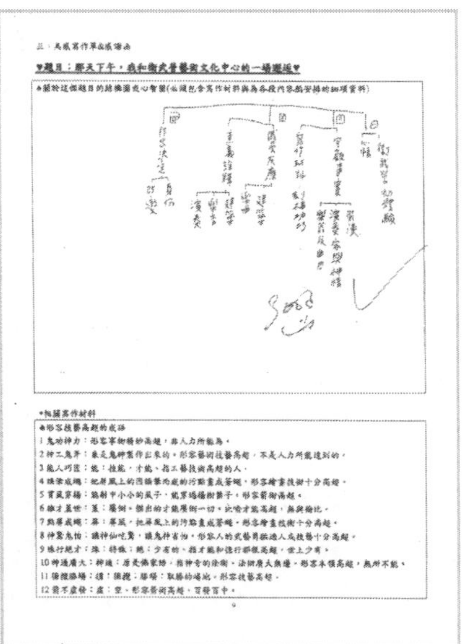

圖9-1-2　學生A美感寫作單

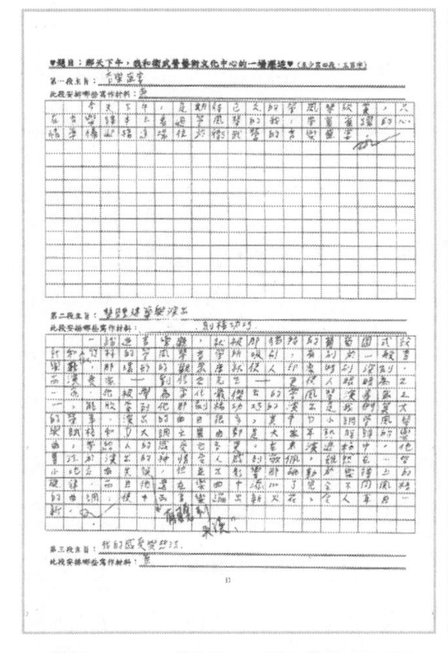

圖9-1-3　學生A美感寫作單

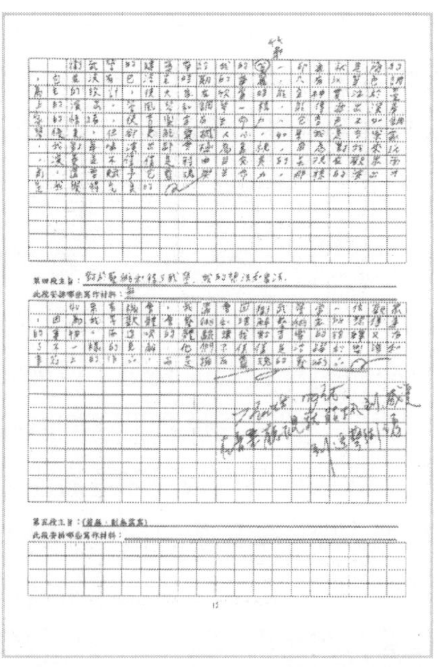

圖9-1-4　學生A美感寫作單

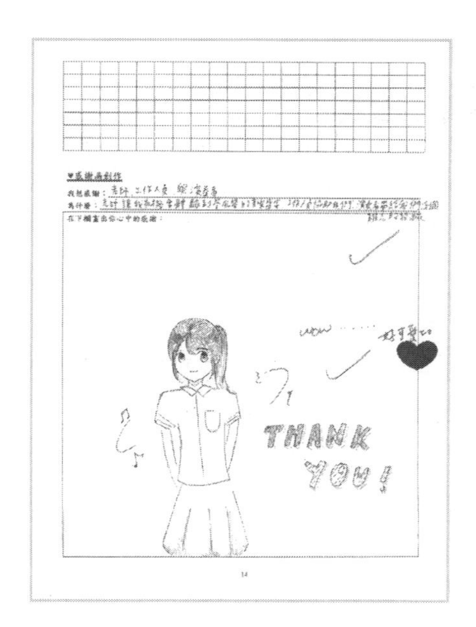

圖9-1-5　學生A美感寫作單

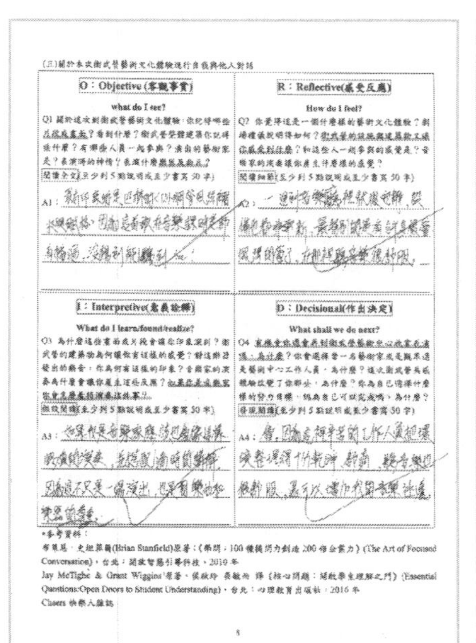

(三)關於本次衛武營藝術文化體驗進行自我與他人對話

O：Objective(客觀事實)

what do I see?

R：Reflective(感受反應)

How do I feel?

I：Interpretive(意義詮釋)

What do I learn/found/realize?

D：Decisional(作出決定)

What shall we do next?

*參考資料：

布萊恩．史坦菲爾(Brian Stanfield)原著：《學問：100種提問力創造200倍企業力》(The Art of Focused Conversation)，台北：開放智慧引導科技，2010年

Jay McTighe & Grant Wiggins原著、侯秋玲 吳敏而 譯《核心問題：開啟學生理解之門》(Essential Questions:Open Doors to Student Understanding)，台北：心理教育出版社，2016年

Cheers 快樂人雜誌

8

圖9-2-1　學生B美感寫作單

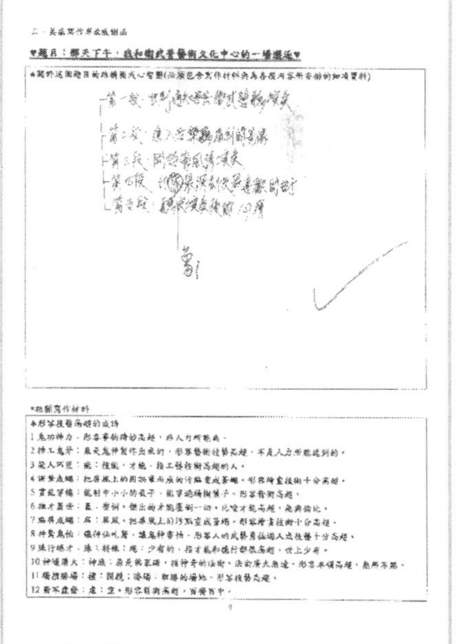

二、美感寫作單成敗品

♥題目：那天下午，我和衛武營藝術文化中心的一場邂逅♥

*相關寫作材料

9

圖9-2-2　學生B美感寫作單

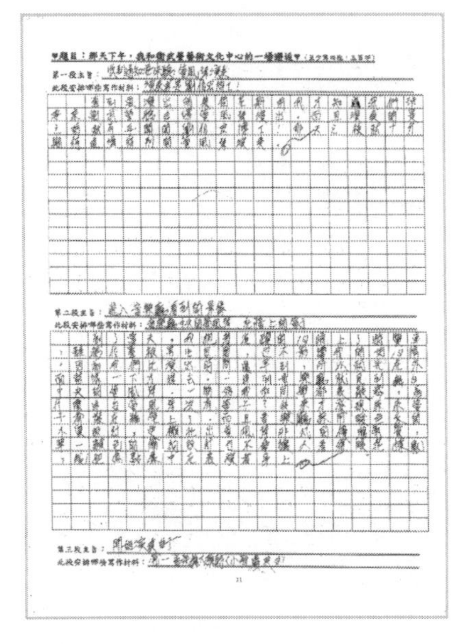

圖9-2-3　學生B美感寫作單

圖9-2-4　學生B美感寫作單

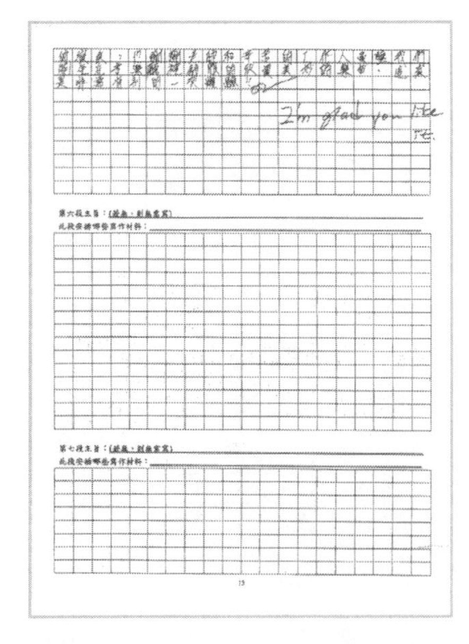

圖9-2-5　學生B美感寫作單

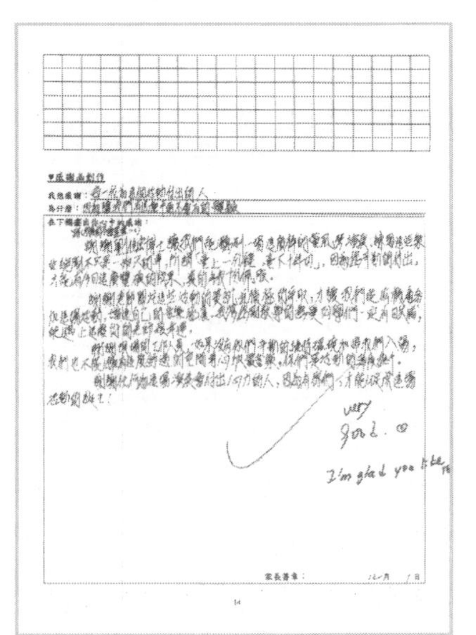

圖9-2-6　學生B美感寫作單

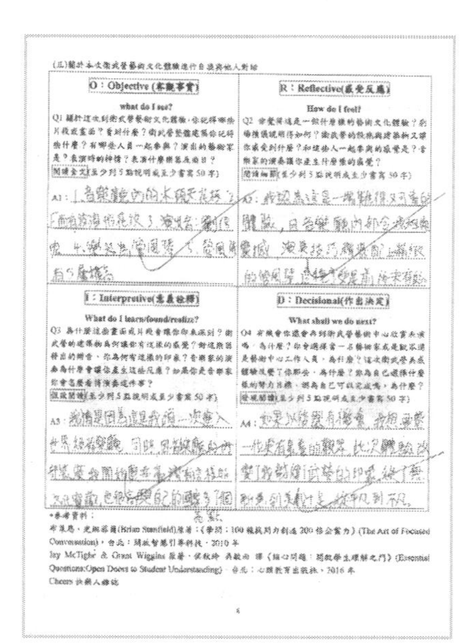
O：Objective(客觀事實)
R：Reflective(感受反應)
I：Interpretive(意義詮釋)
D：Decisional(作出決定)

圖9-3-1　學生C美感寫作單

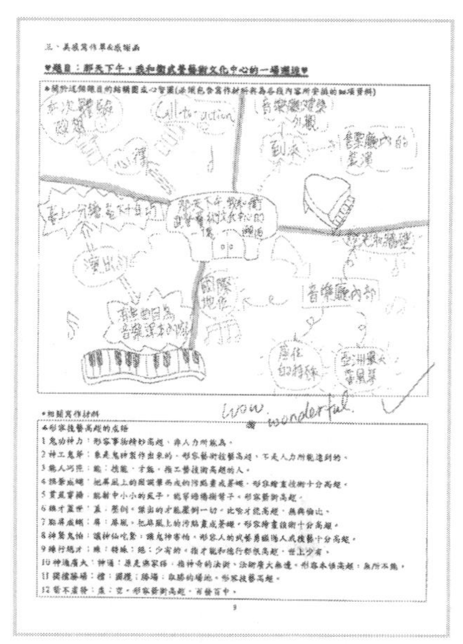

圖9-3-2　學生C美感寫作單

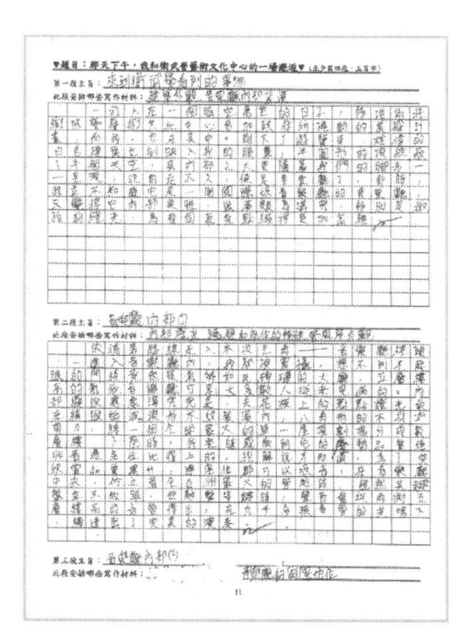

圖9-3-3　學生C美感寫作單

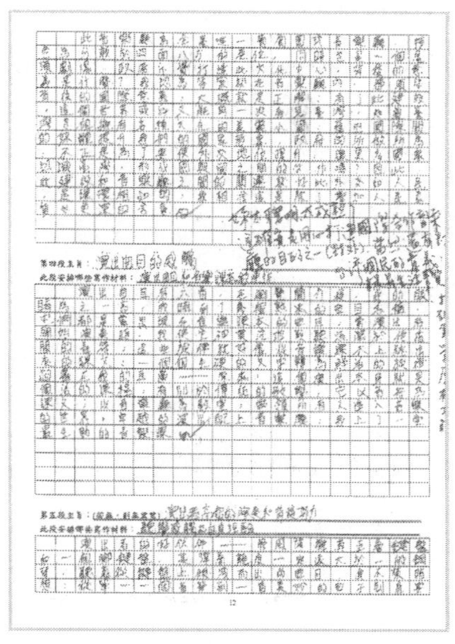

圖9-3-4　學生C美感寫作單

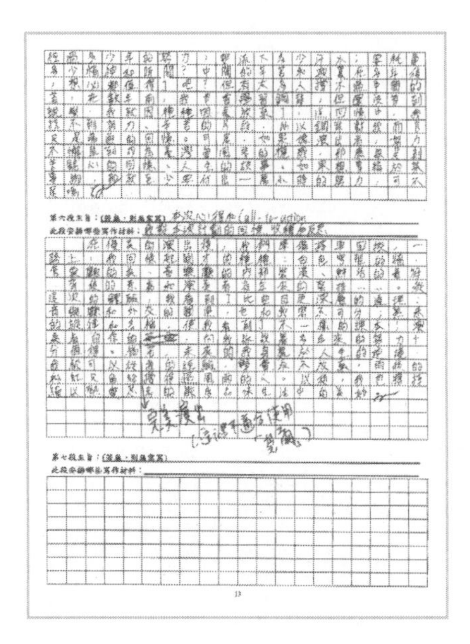

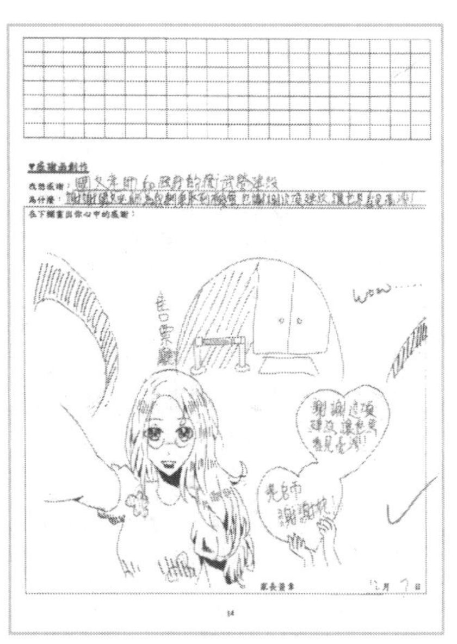

圖 9-3-5　學生 C 美感寫作單　　**圖 9-3-6　學生 C 美感寫作單**

四、國中學生 D 美感寫作單，學生編號30218〈那天下午，我和衛武營藝術文化中心的一場邂逅〉（七二六字）

那天下午，隨著遊覽車越來越靠近目的地，我的心情也跟著越來越雀躍。別人都說衛武營的屋頂像是一隻魟魚，但我倒覺得它像海面上的波浪，彷彿可以想像那雄偉的屋頂上下起伏，如海面的遼闊。待走進了進築物本體，裡面的道路迴轉曲折，一下子右邊是服務中心，一下子左邊是戲劇廳……，要是沒有服務人員帶路，恐怕我會迷失在那如迷宮般的建築物裡。

接著服務人員帶領我們走進音樂廳裡，整個環境呈現黃色調，椅子密密麻麻如多米諾骨牌；管風琴如竹林，雖然我們只能見到九千一百九十四支當中的一部分，但也十足壯觀！管風琴音管呈銀色，每支音管的粗細、長短不一。整個音樂廳十分寬闊，且富有層次感，設計師讓每個在座的聽眾皆聽得到最優質的音樂，實在令人不禁讚嘆設計衛武營的設計師如此厲害與設想如此周全！

過了一會兒，演奏家出場，當他的手指彈起鍵盤的那一瞬間起，音樂聲實在是震撼人心！那樂聲如虎嘯龍吟般向我迅疾的襲來，根本來不及躲開，只能任它一分一分地漸漸將我吞噬！接著，猛然一聲巨響，伴隨著管風琴上的燈光亮起，氣勢更加強盛的樂聲捲來，不禁令我直打哆嗦，那樂聲如峽谷的壯闊，如山勢的雄偉，又如軍隊的雄壯。再來，演奏家的指尖放緩，一首較為柔和的音樂自他指下彈起，那樂聲如細流涓涓，如春風煦煦，如小草飄揚，令我情不自禁的深深掉入樂聲的漩渦中，久久無法自拔……。

餘音嫋嫋，正當我意猶未盡之時，掌聲如雷，在座的每位觀眾皆不吝嗇地給予演奏家最好的回報，而他亦向大家致敬。這次的音樂會完全顛覆了我以前對它的印象：枯燥、乏味，全部轉為津津有味、沉浸其中。這次實實在在地讓我體驗到一場音樂會的悅耳動聽，享受到聆聽音樂會時的趣味與興致，感受到演奏家想藉由音樂傳達給觀眾的意涵。所以，若我尚有機會到衛武營聆聽音樂會，我肯定會再來！

D 學生從外觀見得到的建築物與廳堂、管風琴寫起，獨特的是其將樂音的聽覺效果轉化為視覺，如「虎嘯龍吟般向我迅疾的襲來，根本來不及躲開，只能任它一分一分地漸漸將我吞噬！」寫音樂威嚇令他震懾之感，管風琴音壯闊如峽谷、山勢、軍隊，但又如細流涓涓、春風和煦、小草飛揚般悠揚，將 D 學生對心中原先以為會十分枯燥的音樂會作一完全改觀。

五、國中學生 E 美感寫作單，學生編號30206〈那天下午，我和衛武營藝術文化中心的一場邂逅〉（五七一字）

自從得知要到衛武營聽音樂會的消息，我日夜直思他到底會演奏那些曲目？而且「管風琴」這樂器也增加了我對這次校外教學的興趣，並且只曾聞其名、聽其聲，卻未能一睹其芳容，讓我好奇心大增。終於到了出發之日，我搭乘滿載好奇心的遊覽車抵達衛武營。

一進衛武營大門，我深深被她的美麗所震撼，與一般文化中心的設計截然不同，讓遊客更能逍遙於其中。而進入音樂廳更讓人讚嘆不已，看似不規則的構造，越是細看越覺得厲害，好似一山還有一山高，而且觀眾距離舞臺上表演者的距離都不遠。緊接著，演奏開始，我翻閱曲目簡介手冊，除了第一首曲子，其他我都聽過，心下稍安。當管風琴聲一起，我立刻被其樂聲深深迷住。

此時來到中場介紹時間，之後是老少皆知、家喻戶曉的帕海貝爾〈卡農〉，一直以來我認為管風琴只適合雄壯、莊嚴，甚至有威嚴感的嚴肅音樂，沒想到這次衛武營音樂會，當〈卡農〉樂音一出，便頓時來到深山幽谷，沒有俗慮，只有蟲鳴鳥叫和流水聲，清新之極！聽樂至此，我的淚水輕輕滑落，心想：在城市繁忙喧囂之際，能夠聽到如此清新的音樂，似乎生活已為之淡然。直到音樂結束，大夥散會，那份感動的情緒還在心頭。

此次校外教學絕不是單純的出遊，而是培養我們對於音樂美感的素養。身為一個活在快節奏的現代人，若不懂得如何欣賞音樂之美，生活可說是索然無味，所以我們對於音樂的連結得要多一些，日後才能過著悠然自得的生活。

E 學生和大多數同學一樣，對從未一親芳澤的衛武營、管風琴充滿好奇心，因此在心中既是興奮卻又多了疑惑與好奇，該學生由建築、裝潢寫至對樂曲的感受，以為管風琴只能雄壯表現，當〈卡農〉樂曲一出則顛覆其對管風琴的印象，也顛覆其對音樂的印象，更讓其擴大只於學校學習的生活領域。

六、國中學生 F 美感寫作單，學生編號30207〈那天下午，我和衛武營藝術文化中心的一場邂逅〉（五六九字）

在一個風和日麗萬里無雲的正午時分，準備造訪衛武營文化中心的我和同學們以閃電般的速度吃完午餐後，便到集合場集合，前來帶領我們的是老師和大哥哥、大姊姊。我和同學們非常興奮，只希望能快點到達目的地，於是在暖煦煦的陽光照耀下，我們興高采烈地出發。

抵達衛武營後，我們馬上見到外觀極具現代風的國家音樂廳。走進內部，那典雅的裝潢，以及那特別的葡萄園式設計使我驚豔。入座後，我從遠處觀察今天的主角——管風琴，這臺管風琴的進風管沿著牆壁整齊排列，就像軍人似的；管風琴主體配色為棕底金紋，這使得它華麗而莊嚴，也使得我迫不急待地想聽它的音色。

當演奏家走上舞臺前敬禮時，我知道演奏即將開始了。看著演奏家從容地坐上椅子，此時我心中的期待已無法言喻；琴聲一落，只見他的手指在琴鍵上飛躍，演奏家神乎其技地將每首樂曲的情感表現淋漓，輕快的曲子彷彿就像鳥兒在枝頭跳躍般；溫柔的曲子彷彿就像母親哺育幼兒般；莊嚴的曲子彷彿就像聖光從天上灑落般，再搭配管風琴獨特的音色，實在令我陶醉。演奏結束，我們帶著滿足的心情搭車返校。

這次到衛武營校外教學讓我學習很多，例如劇場禮儀、音樂廳與管風琴的相關知識，可以說是收穫滿滿，而且聽音樂還能陶冶心靈，可說是一舉數得。透過這次衛武營美感教育，我還了解欣賞古典音樂是一件美好的事，它能充實自己的藝術內涵。如此難得的經驗，已經成為我畢生難忘的回憶！

F 學生則是全面性地提及校外教學過程中的種種，人員、建築、音樂廳、管風琴、演奏家、樂曲，當中描寫管風琴音的多元表現十分精彩：輕快如鳥兒跳躍、溫柔如母親育兒、莊嚴如聖光灑落，加上實際體驗的劇場禮儀，讓該學生畢生難忘。

由學生對於此次衛武營美感教學計畫實施學習單內容撰寫，無論是衛武營設計的學習單，或是由筆者於課前所規劃的觀察思索記錄與寫作單來看，皆可體認是：無論是大學生或國中學生對於此教學計畫的期待與歡喜程度，之後國中學生也在每天連絡簿小日記上寫下此次校外教學五十字心得，隨行的家長亦回饋相當的感謝。然而，在國中學生寫作單作業表現上仍可視見：國中女學生對於藝術文化的喜愛仍高於國中男學生，因此在記錄單上國中女學生的觀察較男學生細膩，最後呈現於寫作單上，無論是字數或內容，多數國中女同學的作品仍優於男同學的作品。

結語

筆者回憶起自己中小學學習階段生涯，記憶最深刻的並不是坐在課堂裡振筆疾書筆記老師課堂重點，而是每一次有機會走出校外的體驗學習，舉凡到校外泳池上課、打靶、露營、畢業旅行，除了印證課本裡的知識，綜合性習得不分學科、跨領域知識與常識，此乃深入生活情境真實解決問題之身體記憶學習，一輩子真正帶得走的能力與回憶。待筆者真正進入職場成為一名教師，才發現這樣的教學活動，師長們真正提心吊膽，又必須堅強意志，心臟強大地處理過程中不可預期的問題，因此帶領學生進行校外教學實質上也稱得上是教師的學習場域，印證杜威「learning by doing」。每做完一場沒有經費支應的教學活動，真心感激身邊同仁、朋友、學生、家長、家人的支持協助，願意一同與筆者實現「孩子真的可以」的心願，讓孩子從過程中一點一滴拼湊自己的學習拼圖。

明朝思想家王陽明（守仁，1472-1528）提出「致良知」，其於〈傳習錄上〉：「心不是一塊血肉，凡知覺處便是心，如耳目之視聽，手足之痛癢，此知覺便是心也。」[14]可謂「知覺」便是心。心如耳目、手足，使人對外物產生感覺、知覺的官能，不涉及善惡、是非。王陽明又說：「目無體，以萬物之色為體；耳無體，以萬物之聲為體；鼻無體，以萬物之臭為體；口無體，以萬物之味為體；心無體，以天地萬物感應之是非為體。」[15]目、耳、鼻、口、心是「能知」，為認識的主體，萬物「所知」是認識的客體，當「能知」與「所知」相合，方能形成知識。王陽明一日遊南鎮，一位朋友指著岩石中的花樹，問道：

> 天下無心外之物，如此花樹，在深山中自開自落，於我心亦何相關？先生曰：你未看此花時，此花與汝心同歸於寂。你來看此花時，則此花顏色一時明白起來。便知此花不在你心外。[16]

王陽明理論中純就心的知覺力而言，人心受萬物之感而盡靈明，萬物得人心之察而增理趣，人心與萬物同體，心與物不二。

因此，就處於青春期的國中生浸淫藝術環境氛圍之下，就算是鐵石心腸亦可能會被鼓舞感動，筆者要撼動的即是這一層感動，而美感則是由此處發生，寫作亦是由此開始。因此筆者設計一整系列的美感寫作教學，由焦點討論法，引導學生記錄自己的觀察，並作深度思考

14 〔明〕王陽明：《王陽明全集》〈傳習錄上〉（上海：上海古籍出版社，1992年），頁36。

15 〔明〕王陽明：《王陽明全集》〈傳習錄下〉，頁107-108。

16 〔明〕王陽明：《王陽明全集》〈傳習錄下〉，頁108。

與感受連結，最後完成一篇美感寫作。「那天下午，我和衛武營藝術中心的一場邂逅」，從此那美妙的印象永存於學生心中，當人生遇到挫折困頓，美好的心靈之光，在人生藝術、藝術人生裡，再度重燃光明與希望！

附錄一

國文科美感寫作課程「衛武營篇」計畫書*

（一）依據

「十二年國民基本教育課程綱要」，落實「適性揚才」、「終身學習」，強化連貫統整，實踐素養導向；並配合衛武營國家藝術文化中心「藝企學」南臺灣校園美感教育推廣計畫，推動南部／偏鄉藝術美感教育普及與扎根。

（二）目標

依據「十二年國民基本教育課程綱要」與衛武營國家藝術文化中心「藝企學」南臺灣校園美感教育推廣計畫，本「美感寫作課程」計畫為涵養親師生：

一、認知方面：離開舒適圈，五育並重，涵養文化，認識社區內國家級藝術文化中心。

二、情意方面：開啟感官領悟力，感受人類精神文明，感動於藝術文化之得來不易。

三、技能方面：藉由 ORID 焦點討論法提升感悟，學習情緒表達，進而發展美感寫作力。

---

* 撰於二〇一九年十月三日。

（三）說明

本計畫為國文科美感寫作課程活動，就美感寫作課程而言有所本源：

1 美感寫作課程設計緣由

康軒版國文第三冊第五課〈田園秋之選〉陳冠學藉貝多芬田園交響曲以描寫一場西北雨，翰林版國文第五冊第六課〈大明湖〉劉鶚以白描法描繪一場遊湖日記、第八課〈青鳥就在身邊〉陳火泉則以比利時劇作家莫里斯．梅特林克著名童話劇作〈青鳥〉，告訴讀者幸福就近在身邊。

衛武營國家藝術中心自去年營運至今滿周年，鳳西國中近鄰衛武營，師生擁有得天獨厚的藝術文化刺激，然許多學生家庭基於國際表演票價高昂，或僅只於衛武營室外榕樹廣場活動，未能真正進入殿堂，聆賞藝術文化表演，故透過衛武營藝術文化中心「藝企學」南臺灣校園美感教育推廣計畫設計此課程，帶領學生一親藝術之芳澤，並擁有真實感受以寫作。

2 美感教育體驗及寫作課程

參與學生將獲得一人一張體驗票券，除介紹衛武營國家藝術中心建築體內外環境、廣場、院廳、設施、表演類型，還有劇場禮儀介紹，讓參與學生了解欣賞一場藝術表演該留心哪些事項，更安排一場難能可貴的留美音樂家劉信宏博士管風琴演出，衛武營擁有亞洲最大管風琴設備，音樂廳內仿竹林建築與三六〇度觀眾座席，更堪稱建築美學之首，參與學生在此情境中必能激發藝術感興。寫作課程則藉由ORID 焦點討論法，一步步引導學生進入聆賞藝術表演之美感核心，於體驗活動後完成教師自編學習單及寫作單與感謝函。

(四) 實施細則

一、時間：民國一〇八年十一月十二日星期二十二點四十分至十五點三十分

二、地點：衛武營國家藝術文化中心（地址：83075高雄市鳳山區三多一路1號，電話：07-2626666）

三、帶隊老師、藝術家與講師：陳宜政老師、方曉琤老師、留美音樂家劉信宏博士、衛武營藝術團隊

四、活動及安排：

（一）活動前即發下家長邀請函，且討論學生、家長、志工分組事宜。

（二）活動流程表：略

(五) 教學相關資料

附件一　家長邀請函

附件二　學生反思單

附件三　學生寫作單

附件一

家長邀請函

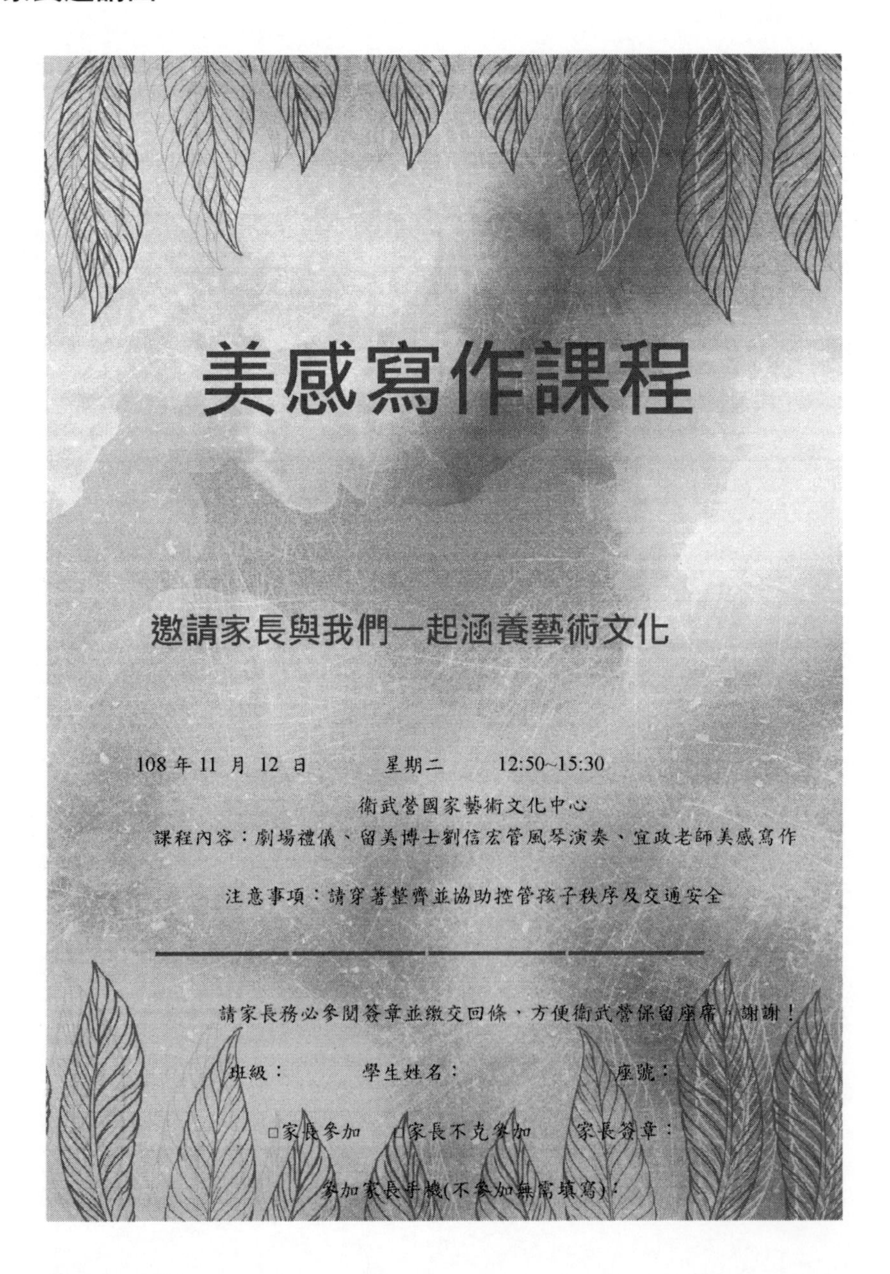

美感寫作課程

邀請家長與我們一起涵養藝術文化

108 年 11 月 12 日　星期二　12:50~15:30

衛武營國家藝術文化中心

課程內容：劇場禮儀、留美博士劉信宏管風琴演奏、宜政老師美感寫作

注意事項：請穿著整齊並協助控管孩子秩序及交通安全

請家長務必參閱簽章並繳交回條，方便衛武營保留座席，謝謝！

班級：　學生姓名：　座號：

□家長參加　□家長不克參加　家長簽章：

參加家長手機(不參加無需填寫)：

附件二

ORID焦點討論單

班級：　　　　　座號：　　　　　姓名：　　　　　年級：

（1）何謂 ORID 焦點討論法？

ORID 是一套國際知名且簡單易用的提問方法論，一直以來都有不同的名稱，有人稱引導式討論（Guided Conversation），也有人稱基礎討論方法（Basic Conversation Method）或是意識會談法，一般則稱之焦點討論法（Focused Conversation）。

ORID 將提問分成了四個層次的溝通方式，讓人們有機會用對的順序，詢問對的問題，讓被討論的話題可以聚焦。尤其在進行團體討論時，通常每個人的觀點與意見都不盡相同，但透過 ORID 的四種問題類型，可以透過引導集體思考的過程，加深彼此的對話關係，避免忽略他人感受，不會淪為個人意識形態的表達，並在形成結論後看見眾人的智慧。

ORID-焦點討論法

Askats.Yang

客觀、事實
Objective

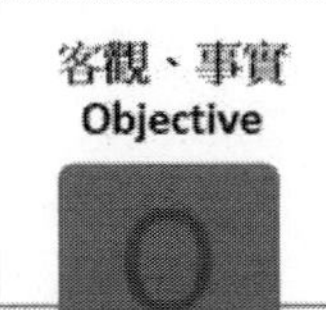

了解外在客觀事實的問句：
- 看到了什麼？
- 記得什麼？
- 發生了什麼事？

感受、反應
Reflective

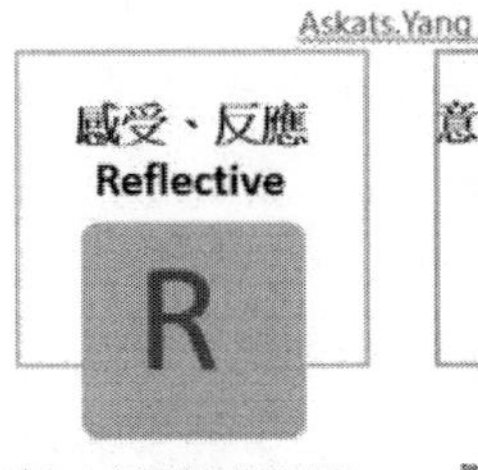

喚起內心情緒與感受的問句：
- 有什麼地方讓你很感動/驚訝/難過/開心？
- 什麼是你覺得比較困難/容易/處理的？
- 令你覺得印象深刻的地方？

意義、價值、經驗
Interpretive

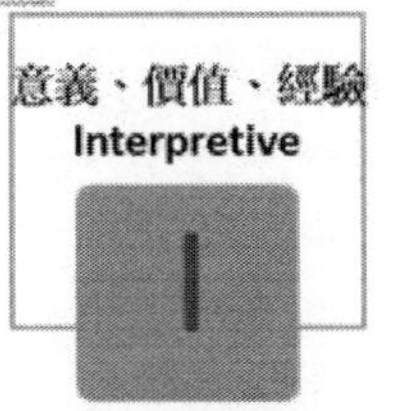

聯結解釋前述感受的問句：
- 為什麼這些讓你很感動/驚訝/難過/開心？
- 引發你想到了什麼？有什麼重要的領悟嗎？
- 對你而言，重要的意義是什麼？學到了什麼？

決定、行動
Decisional

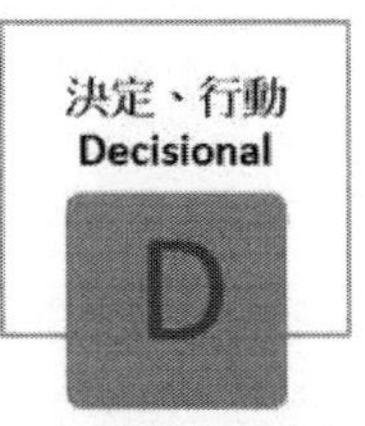

找出決議和行動的問句：
- 有什麼我們可以改變的地方？
- 接下來的行動/計劃會是什麼？
- 還需要什麼資源或支持才能完成目標？
- 未來你要如何應用？

（2）怎麼用 ORID 焦點討論法與人討論或反問自己？

O：Objective（客觀事實）	R：Reflective（感受反應）
一、提問策略：「what do I see?」 二、第一個步驟，使用「掃描資訊」的方式，以客觀看到什麼來回應。 三、此方式可以窺探閱讀習慣，觀察力的微弱。	一、提問策略：「How do I feel?」 二、第二個步驟，使用「扣問內心」的方式，以主觀感受到什麼來思考。 三、此方式可以刺激並開啟內在，探索內在情緒。
I：Interpretive（意義詮釋）	**D：Decisional（作出決定）**
一、提問策略：「What do I learn/found/realize?」 二、第三步驟，使用具體問思，深化前兩步驟，引導「歸納」、「整理」資訊和感受的連結。 三、此方式可以幫助系統化表達，說出具體的描述。	一、提問策略：「What shall we do next?」 二、第四步驟，使用企劃實踐，總結提問，引導「行動」落轉化抽象討論為具象。 三、此方式可以培養實作能力，激勵「learning by doing」。

（3）關於本次衛武營藝術文化體驗進行自我與他人對話

O：Objective（客觀事實） what do I see?	R：Reflective（感受反應） How do I feel?
Q1 關於這次到衛武營藝術文化體驗，你記得哪些片段或畫面？看到什麼？衛武營整體建築你記得些什麼？有哪些人員一起參與？演出的藝術家是？表演時的神情？表演什麼樂器及曲目？ 閱讀全文（至少列五點說明或至少書寫五十字） A1 ________________	Q2 你覺得這是一個什麼樣的藝術文化體驗？劇場禮儀說明得如何？衛武營的設施與建築物又讓你感受到什麼？和這些人一起參與的感覺是？音樂家的演奏讓你產生什麼樣的感覺？ 閱讀細節（至少列五點說明或至少書寫五十字） A2 ________________

I：Interpretive（意義詮釋） **What do I learn/found/realize?**	D：Decisional（作出決定） **What shall we do next?**
Q3 為什麼這些畫面或片段會讓你印象深刻？衛武營的建築物為何讓你有這樣的感覺？對這樂器發出的樂音，你為何有這樣的印象？音樂家的演奏為什麼會讓你產生這些反應？如果你是音樂家你會怎麼看待演奏這件事？ 假設閱讀（至少列五點說明或至少書寫五十字） A3 ______________________________	Q4 有機會你還會再到衛武營藝術中心欣賞表演嗎，為什麼？你會選擇當一名藝術家或是觀眾還是藝術中心工作人員，為什麼？這次衛武營美感體驗改變了你哪些，為什麼？你為自己選擇什麼樣的努力目標，認為自己可以完成嗎，為什麼？ 發現閱讀（至少列五點說明或至少書寫五十字） A4 ______________________________

附件三　美感寫作單&感謝函

（1）美感寫作單創作

題目：那天下午，我和衛武營藝術文化中心的一場邂逅

關於這個題目的結構圖或心智圖 （必須包含寫作材料與為各段內容所安排的細項資料） （保留空格）

題目：那天下午，我和衛武營藝術文化中心的一場邂逅（至少五百字）

第一段主旨：

此段安排哪些寫作材料：

（保留空格）

第二段主旨：

此段安排哪些寫作材料：

（保留空格）

第三段主旨：

此段安排哪些寫作材料：

（保留空格）

第四段主旨：

此段安排哪些寫作材料：

（保留空格）

第五段主旨：（若無，則無需寫）

此段安排哪些寫作材料：

（保留空格）

（2）感謝函創作

我想感謝：

為什麼：

在下欄畫出你心中的感謝：

（保留空格）

「疫」起，當我們同在*

二〇二一年五月十八日課務就在九年級學生請防疫假回家，七、八年級學生冷靜上課至下午二時許，中央發布：自五月十九日起至五月二十八日將本學期所有教學改為遠距教學。一接獲消息，當然所有老師和筆者一樣，只能用「晴天霹靂」、「兵荒馬亂」形容，已經安排好且早已熟悉的教學進度與模式得重新再來，過去我們習慣於教室「同在一起」，如今必須降低人與人接觸的方式改變教與學。

身為一線教學教師如筆者如何走過驚險心路？和我們相依存的學生和家長又如何和我們一起走過？這過程不消說定被寫入歷史，我們正因「疫起」而「同在」，必須共同面對，共同提出解決辦法。

連結，人人之間

一般教師習慣於實體教室內與所有學生形成一股學習共頻氛圍，能在講述或與學生互動中，及時給予反饋與糾正。筆者以為實體教室是神聖性靈，充滿不可取代的教育愛，因為 COVID-19 弄得人心惶惶，老師們必須在強烈心理壓力下，度過這一陣子日常。

不可否認，教師們於停課期剛開始大多混亂，之後調整心態積極

* 撰於二〇二一年七月三十一日。

尋找資源。為了與學生拉近距離，適時提供輔導，筆者在疫情前則與學生設立 Facebook Messenger 社群，提供課堂資料補充。這次突如其來遠距教學，此社群正巧成為筆者第一時間聯繫學生的方便管道。停課第一天，筆者隨即與學生約好時間進行 Google Meet 測試。有些七年級學生對於資訊設備使用並不熟稔，有些則長時間線上遊戲而變成同學們的諮詢顧問，經過數次測試及教導學生基本功能，筆者開始正式對七年級學生進行國文科遠距同步教學。

此時教育部、各縣市政府教育局將線上資源做一整合，各校為教師興辦線上教學工具研習與統整，形成一股共學氛圍、資源共享的學習圈（圖1）。教師們發揮自己身為教師的職責，將傳統教室裡的學習

圖1　老師們於遠距教學前自主學習線上資源

氣氛，隨即轉變為多元線上教學，將原先傳統教室「人與人之間」的連結，因應疫情而成為網路「線與線之間」的連結。

遠距，但不遠情

二〇二一年五月十五日於全球使用率最高的 Facebook 平臺，臺灣大學葉丙成教授成立「臺灣線上同步教學社群」，截至筆者撰文（六月十四日）共九點五萬使用者加入社團，分享自停課以來線上教學工具或心情，在在顯示身為教育現場教師的積極自學能力，當中更有來自企業界與宗教團體對於偏鄉孩子線上學習資源挹注，讓弱勢學生不再孤軍奮戰。

筆者學校使用 Google Meet 進行線上同步教學，Google Classroom 分派作業，學生可到雲端教室了解各科老師的課程或作業。筆者以為此時期的課程內容，應該以提供學生持續安定學習，不宜趕課程進度，或分派過多任務，於是除了在課堂上補足學生平時熟知教科書內容，更搭配自編課外補充閱讀教材或其他相關博物館資源。例如：筆者在課堂上介紹《安妮的日記》這本書，並將安妮於二次世界大戰時期，藏於閣樓無法出家門，與此時期的我們因防疫停課在家不出門做一類比，帶領學生瀏覽並解說安妮博物館網頁（圖2），進入法蘭克一家人藏匿的閣樓，因為三六〇度環景拍攝讓場景更真實（圖3），之後分派學生線上非同步 Word 作業：「我在停課期的日子記錄」（圖4），以完成小篇幅日記。

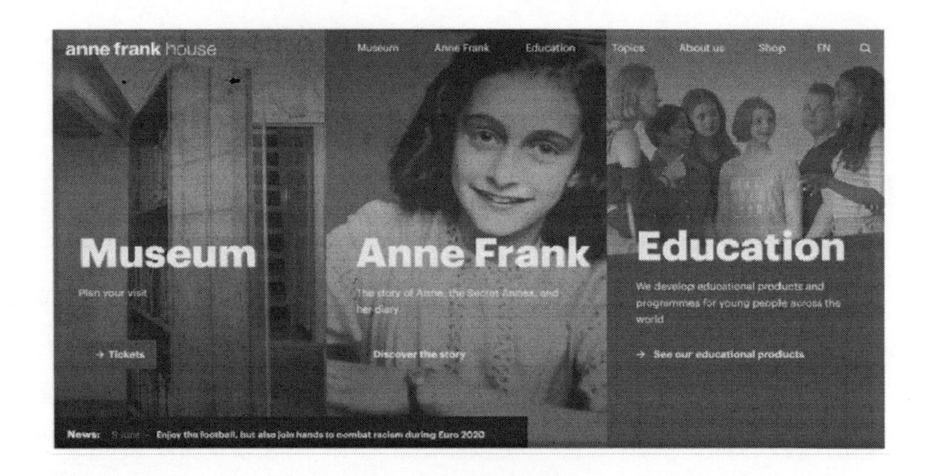

圖2　安妮博物館

（資料來源：https://www.annefrank.org/en/）

圖3　三六〇度環景拍攝安妮一家藏匿的房間

此外，利用 Google Meet 內建白板功能，對七年級學生進行創意腦力激盪活動：「疫情下對端午節的想像」（圖5），驚見他們對於時事與端午節聯想，像是：「粽子先隔離」、「買菜雙單制」、「北漂族只能吃北部粽」、「以前端午節吵：北部粽或南部粽好？今年端午節吵：返鄉過節還是防疫待在家好？」線上同步互動，打破七年級學生原來害羞不敢發表的隔閡。

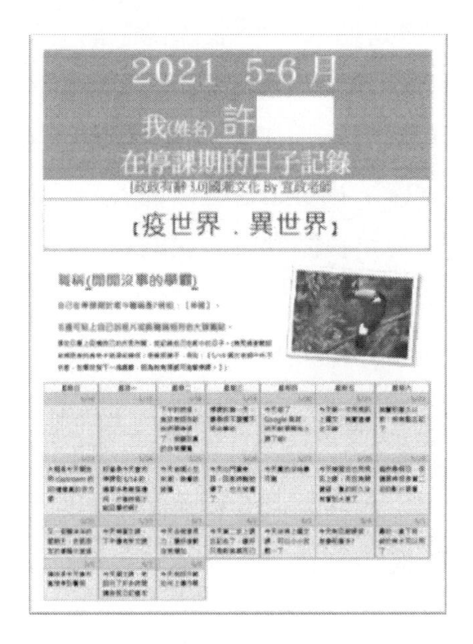

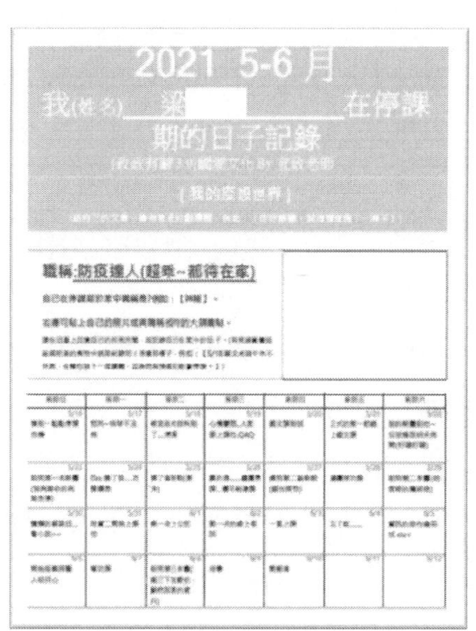

圖4　學生線上撰寫「我在停課期的日子記錄」

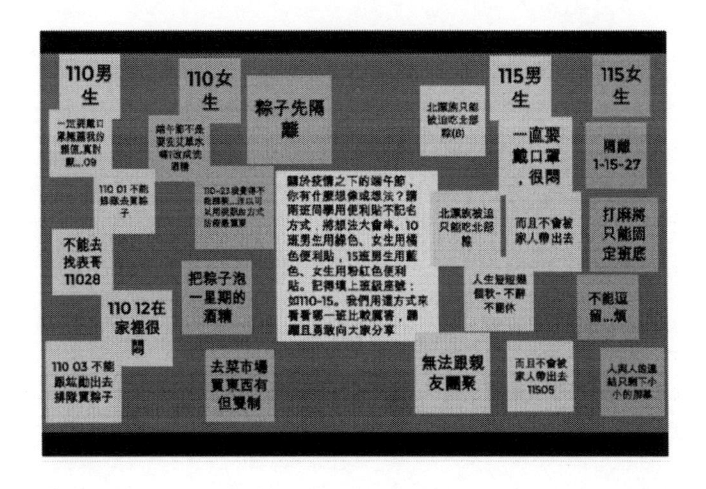

圖5　學生同步線上腦力激盪「在疫情下對端午節的想像」

珍惜，與你同在

因為疫情不穩定遠距授課必須持續到期末，學生曾在作業上提及，「線上學習可以做一些平時在實體教室無法做到的事。」「老師們花更多心思，用心準備，不是一件輕鬆的事。」「雖然很想念回到學校上課，但要在國家經濟與健康之間選擇，我還是會選擇後者。」但大多數學生仍喜歡實體教室氛圍，並期待早日回到校園與同學一起歡樂學習。

研究指出過去學生的學習能力會在不到校的寒暑假降低，許多國家因為嚴峻疫情，三月十六至五月施行遠距教學一段時間，剛出爐的研究資料顯示：去年因為新冠肺炎疫情嚴重，學校關閉，學生在家自學，學習能力低於學期中學習（圖6）[1]，聯合國更發布新聞，報導學童在學校停課後降低閱讀技巧的可觀數據[2]。

---

1 Per Engzell & Arun Frey & Mark D. Verhagen (2021), Learning loss due to school closures COVID-19 pandemic, Stanford University, https://www.pnas.org/content/118/17/e2022376118。

2 100 million more children fail basic reading skills because of COVID-19, 2021. Mar. 26, UN, https://news.un.org/en/story/2021/03/1088392。

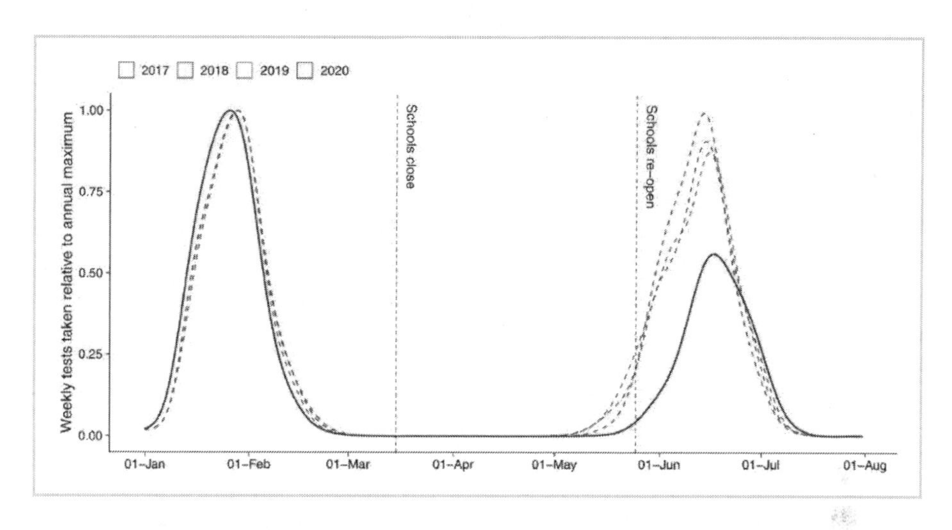

圖6　遠距教學與前三年同時期之學生學習力比較

這些研究或數據皆以科學工具提出證明：科技再如何進步，仍然需要教師們耐心於實體教室中一步步引導，學生在充滿愛的氛圍中感受、模仿、學習，而老師們適時輔以線上科技媒材補充實體教室所匱乏（例如：空間距離或時間背景），才能是有效的教與學。雖然線上授課帶來方便性，打破區域範圍及限制，但學生自學有很大一部份來自與教師一起努力成長，受教師即時學習反饋與立即糾正輔導。

今年暑假老師們勢必夜以繼日準備補教教材，預備在下學年開學後，將停課期間學生遺落的課程再度重點教學，具備教育大愛的老師期待把學生學習力、臺灣競爭力再度找回來。當我們同在「一起」，因為「疫起」的牆垣，終將消滅。

家裡收藏著一種愛，必須用一輩子的時間文火慢煲

——「一道料理，一段關係回憶」跨領域素養導向教學之行動研究

前言

民國九十年臺灣經歷教科書版本多元開放，從一綱一本時代正式進入一綱多本時代，此正是因應社會改革開放、公民素質提升、民主自由多元觀點採納等要件。在筆者學生時代所使用的教科書，為教育部委託國立編譯館召集學者專家所編輯，當時版本選文符合臺灣中小學生所需受教之道德禮儀規範較為固定，也因此於國文教學上產生有所依循之分項目標（題解、作者、範文、注釋、問題討論、習作練習）。在筆者正式進入教育職場後，曾短暫教授過國立編譯館時代教科書，當時的教法，大致是依循著過去自己受教經驗，加上自己學生時期可能較不懂得概念的揣想，透過「固定教材」，在課堂上加入自己「新興理解」之講述。

之後臺灣歷經課程綱領調整異動，今日面對網路科技發達，多元觀點與概念突破既有規範，曾紅極一時的「翻轉教育」名詞，即以受教者立場提供相關知識與技能之教育，至今因應十二年國教課綱所做的教學方式之調整，則以理解、統整、結合生活經驗、解決生活問題為主要教學目標，帶領莘莘學子進入真實學習情境。至於「素養」

（litercy）專名，最早見於「國際學生能力評量計畫」（Programme for International Student Assessment，簡稱 PISA[1]），是由經濟合作暨發展組織（OECD）主辦的全球性學生評量。自二〇〇〇年起，每三年舉辦一次，評量對象為十五歲學生，內容涵蓋閱讀、數學、科學等三個領域的基本素養，以及問卷調查。PISA 的基本關懷主要有兩個層面：（一）了解學生面對變動快速之社會的能力，即所謂真實生活的素養（real-life literacy）（二）了解處於社經地位弱勢的學生所獲得的教育情形。[2]在教育部發布的《十二年基本教育課程綱要總綱》上，核心素養的定義是：「指一個人為了適應現在的生活及面對未來挑戰時，所應當具備的知識、能力與態度。」

基於上述理想，各級學校紛紛由「規定」轉向「自發性」，藉由「彈性課程」設計安排符合「素養導向」教育主張及「學校本位」之教材與教法，以期達成學生習得知識、技能，並涵養情感，提升帶得走且能解決生活情境問題的能力。於是乎，本文即是將學校先行施作的「學校本位」小規模素養導向教學，提供正向思考與逆向批判經驗，讓素養導向跨域教學可以將中學生活潑本質彰顯，情感得以抒發。

---

1 PISA，測驗全名為「國際學生能力評量計畫」（the Programme for International Student Assessment），簡稱PISA，是由經濟合作暨發展組織（OECD）主辦的全球性學生評量。自二〇〇〇年起，每三年舉辦一次，內容涵蓋閱讀、數學、科學等三大領域的基本素養，以及問卷調查。二〇一五年PISA成為規模最大的全球性學生評量，超過七十個參加國參與此項測驗。PISA測驗旨在評量學生未來作為二十一世紀公民，具備積極生活所需的核心素養程度。測驗對象為十五歲學生，是由於多數國家此年齡之學生已完成義務教育，足以代表全體國民素養。PISA採電腦化施測，施測時間約為四小時（含測驗及學生問卷），施測結果將成為各國調整教育政策做為參考。根據目前臺灣PISA國家研究中心國立臺灣師範大學PISA研究中心網站：https://pisa.irels.ntnu.edu.tw/index.html（2023年1月26日檢索）

2 資料來源自「臺灣PISA國家研究中心」官方網站：https://pisa.irels.ntnu.edu.tw/about.Html（2023年1月31日檢索）

一　教育部十二年國教課程綱領之制訂與議題融入

為讓中小學教學有所依循，臺灣義務教育遵行制定課程規範，而大體而言先需了解「總綱」與「議題融入」的精神命脈與主要內容。

（一）總綱

臺灣自民國十八年訂定國家課程規範，其後歷經數次中小學課程標準修訂。自民國五十七年實施九年國民教育，以培養健全國民為宗旨，為我國人才培育奠定良好基礎。然而如何紓解過度的升學壓力、落實五育均衡，仍是各界關心的議題。近年來家庭日趨少子女化、人口結構漸趨高齡化、族群互動日益多元、網路及資訊發展快速、新興工作不斷增加、民主參與更趨蓬勃、社會正義的意識覺醒、生態永續發展更發受重視，加上全球化與國際化所帶來的轉變，使得學校教育必須因應社會需求與時代潮流而與時俱進。

民國八十八年公布的《教育基本法》第十一條明定：「國民基本教育應視社會發展需要延長其年限。」民國九十二年九月召開「全國教育發展會議」，達成「階段性推動十二年國民基本教育」之結論，將高中、高職及五專前三年予以納入國民基本教育並加以延長與統整，藉以提升國民素質與國家實力。民國九十三年六月教育部將「建置中小學課程體系」納入施政主軸，並於民國九十五年成立專案辦公室，完成十二項子計畫、二十二個方案，其中包括「中小學一貫課程體系參考指引」，以引導中小學各級課程綱要之修正。民國九十六年起，教育部亦開始推動特殊教育課程大綱修訂工作，朝向與中小學普通教育課程接軌的方式規劃，並自民國一〇〇年起試用。

民國九十九年「第八次全國教育會議」結論指出，應參酌世界先進國家國民教育發展經驗，考量「普及」、「非強迫」、「確保品質」及「社會公義」等原則，積極啟動十二年國民基本教育，以期符合世界教育發展潮流。民國一〇〇年總統於元旦祝詞宣示啟動十二年國民基本教育，同年九月行政院正式核定「十二年國民基本教育實施計畫」，明定民國一〇三年八月一日全面實施。由國家教育研究院、教育部技術及職業教育司進行十二年國民基本教育課程綱要總綱之研發；國家教育研究院「十二年國民基本教育課程研究發展會」負責研議，教育部「十二年國民基本教育課程審議會」負責審議，於民國一〇三年十一月完成總綱之發布。

就上述課綱沿革，就現行課程實施成效或國家發展進程進行檢視，並本於憲法所定的教育宗旨，盱衡社會變遷、全球化趨勢，以及未來人才培育需求，持續強化中小學課程之連貫與統整，實踐素養導向之課程與教學，以期落實適性揚才之教育，培養具有終身學習力、社會關懷心及國際視野的現代優質國民。[3]

（二）議題融入

十二年國民基本教育之課程發展本於全人教育的精神，以「自發」、「互動」及「共好」為基本理念，強調學生是自發主動的學習者，學校教育應善誘學生的學習動機與熱情，引導學生妥善開展與自我、與他人、與社會、與自然的各種互動能力，協助學生應用及實踐所學、體驗生命意義，願意致力社會、自然與文化的永續發展，共同謀求彼此的互惠與共好。

訂定四項總體課程目標，以協助學生學習與發展：一、啟發生命

---

3 教育部《十二年國民基本教育課程綱要》，中華民國一〇三年十一月頒布，中華民國一一〇年二月修正。

潛能：啟迪學習的動機，體驗學習的喜悅，進而激發更多生命的潛能，達到健康且均衡的全人開展。二、陶養生活知能：培養基本知能，適應社會生活，進而勇於創新，展現科技應用與生活美學的涵養。三、促進生涯發展：導引適性發展、盡展所長，奠定學術研究或專業技術的基礎，建立「尊嚴勞動」的觀念，願意嘗試引導社會變遷與世界潮流。四、涵育公民責任：厚植民主素養、法治觀念、人權理念、道德勇氣、社區或部落意識、國家認同與國際理解，並學會自我負責，進而積極致力於生態永續、文化發展等生生不息的共好理想。

以核心素養作為課程發展的主軸，並將議題融入各領域。因議題常是涉及人類發展與價值的社會課題，其經由不同領域及科目加以探究，有助於學生統整各領域的學習內容，更能豐富與促進核心素養的陶冶與養成。有關十二年國教課綱各領域課程設計應適切融入的議題，係規範於《總綱》中，包括：性別平等、人權、環境、海洋、品德、生命、法治、科技、資訊、能源、安全、防災、家庭教育、生涯規劃、多元文化、閱讀素養、戶外教育、國際教育、原住民族教育等十九項議題。

作為學校教育連結實際生活的橋樑，涵養受教者實際解決問題之能力，議題融入有其必須之重要性與意涵：就教育理念言，是對「尊重、關懷、正義、永續」普世價值的重視與實踐；就目標言，不僅強調知識的理解與應用，亦重視價值信念的建立、問題解決的技能與具體行動的實踐，可以提升領域知識內容學習的教育價值；就課程言，可以藉由議題的特性促進領域知識內容的連結，包括跨領域知識內涵、生活實務經驗與情境等的連結；就教學理論言，可藉由議題的連結使學習內容意義化與統整化，避免領域或科目知識內容的零碎化與片斷化；議題融入需要採用批判探究、討論對話、體驗與實作等多元教學策略[4]；就國際趨勢，議題融入教學目標可以促進 PISA（the Programme for International Student Assessment）所重視的批判思考及問題解決的學習，也充分回應聯合國十七項「全球永續發展目標」（Sustainable Development Goals, SDGs）的內涵，特別是其中第四項永續教育的目標[5]。

---

4 根據教育部議題融入教學手冊。

5 SDGs（Sustainable Development Goals），由於氣候變遷、經濟成長、社會平權、貧富差距等難題如重兵壓境，二〇一五年，聯合國宣布了「2030永續發展目標」（Sustainable Development Goals, SDGs），包含消除貧窮、減緩氣候變遷、促進性別平權等十七項SDGs目標，指引全球共同努力、邁向永續，當時有一九三個國家同意在二〇三〇年前，努力達成SDGs十七項目標：一、消除各地一切形式的貧窮（No Poverty）。二、確保糧食安全，消除飢餓，促進永續農業（Zero Hunger）。三、確保及促進各年齡層健康生活與福祉（Good Health and Well-being）。四、確保有教無類、公平以及高品質的教育，及提倡終身學習（Quality Education）。五、實現性別平等，並賦予婦女權力（Gender Equality）。六、確保所有人都能享有水、衛生及其永續管理（Clean Water and Sanitation）。七、確保所有的人都可取得負擔得起、可靠、永續及現代的能源（Affordable and Clean Energy）。八、促進包容且永續的經濟成長，讓每個人都有一份好工作（Decent Work and Economic Growth）。九、建立具有韌性的基礎建設，促進包容且永續的工業，並加速創新（Industry, Innovation and Infrastructure）。十、減少國內及國家間的不平等（Reduced Inequalities）。十一、建構具包容、安全、韌性及永續特質的城市與鄉村（Sustainable Cities and Communities）。十二、促進綠色經濟，確保永續消費及生產模式（Responsible Consumption and production）。十三、完備減緩調適行動，以因應氣候變遷及其影響（Climate Action）。十四、保育及永續利用海洋生態系，以確保生物多樣性並防止海洋環境劣化（Life Below Water）。十五、保育及永續利用陸域生態系，確保生物多樣性並防止土地劣化（Life on Land）。十六、促進和平多元的社會，確保司法平等，建立具公信力且廣納民意的體系（Peace, Justice and Strong Institutions）。十七、建立多元夥伴關係，協力促進永續願景（Partnerships for the Goals）。根據聯合國教科文組織（UNESCO）網站：https://www.unesco.org/zh（2023年1月26日檢索）

二　本校語文領域彈性課程規劃

本校七年級彈性課程由校內所有國語文、數學、英語文三科目老師分別規劃教材：《喜閱世界》、《渾身解數》、《一英俱全》，各班依照學校進度，及各班各自進度由授課教師於該堂彈性時間講授。

而七年級國語文彈性課程《喜閱世界》(一）則與八年級國語文彈性課程《喜閱世界》(二)，選編各個議題融入文本，搭配部編本教材進行課外補充之「閱讀教學」，在依各個班級特性、教師教學特色進行「素養導向」教學活動安排。國語文彈性課程教材《喜閱世界》(一)、(二)，共選編十二個主題二十五篇範文。其主題與範文分別是：

(一)《喜閱世界》(一)

主題一、認識圖書館、漂書站，範文為：〈中文圖書分類法〉；主題二、基礎閱讀策略，範文為：〈閱讀技巧與策略〉；主題三、人物，範文為：〈三國演義——用奇謀孔明借箭〉、〈成功的秘訣在堅持〉；主題四、飲食，範文為：〈麵茶暖和人心〉、〈眾神的食物——巧克力〉；主題五、旅遊，範文為：〈部落秘境輕鬆玩——精選原住民文化〉、〈紅牆歲月〉；主題六、海洋文學，範文為：《鯨生鯨世》、蘇打綠歌詞〈飛魚〉; 主題七、科普，範文為：〈能夠防止隕石砸中地球嗎〉、〈微藻——可循環的「綠色油田」〉。

(二)《喜閱世界》(二)

主題一、歷史文化，範文為：〈清香油紙傘〉、〈從落第到及第之間〉；主題二、生命教育，範文為：〈敲敲蛤蜊，學會做個友善的人〉、〈包容他人的四句箴言〉、〈朋友，是上天給我們最大的禮物〉；主題三、親情，範文為：〈胭脂〉、〈律師的獨子〉；主題四、生活運用，範文為：〈吳興狐狸〉、〈黠鼠賦〉；主題五、時事，範文為：〈米其林美食評鑑大揭祕〉、〈穿越時光隧道〉；主題六、醫學，範文為〈垃圾食品〉、〈神奇的人體「天網」〉。

本校七年級國文科選用康軒版（一〇九學年）國中國文教材，而彈性課程安排有《喜閱世界》（一），由校內國文老師共備文本教材。上學期結合康軒版課本範文胡適〈差不多先生傳〉、洪醒夫〈紙船印象〉、古蒙仁〈吃冰的滋味〉、張騰蛟〈那默默的一群〉、琦君〈下雨天，真好〉，與本校彈性課程教材「人物」、「飲食」或「時事」主題，筆者搭配班級屬性及之前參與計畫所特別安排教學活動，設計跨域教學「一道料理，一段關係回憶」課程。

三　「一道料理，一段關係回憶」課程操作

筆者上學期結合康軒版課本範文胡適〈差不多先生傳〉、洪醒夫〈紙船印象〉、古蒙仁〈吃冰的滋味〉、張騰蛟〈那默默的一群〉、琦君〈下雨天，真好〉，與本校彈性課程教材「人物」、「飲食」或「時事」主題，因筆者上學期幫學生申請教育部為中小學設計的美感智能報《安妮新聞》（ANNE TIMES），親師生共同深受報紙美感設計內容與安排之啟發，於是我們以圖文創作形式製作了《一五一十新聞報》（1510 TIMES）。之所以命名為「一五一十」，主要原因為：七年十五班與七年十班閱讀教育部《安妮新聞 ANNE TIMES》，欲模擬其版式藉以「綜合輸出」學習成效[6]：編輯採訪與寫作，故將報紙命名為「一五一十」，亦取其意義「老老實實、單純誠心」以手繪圖文創作屬於我們世代的聲音。英文名稱《1510 TIMES》起名自我們最愛的書籍

6　筆者在此以「綜合輸出」名之，欲擺脫傳統紙筆測驗檢核教學與學習成效，而以更多元、強調溝通與合作，發揮各小組成員各項能力之綜合。

《西遊記》，作者吳承恩誕生於西元一五一○年，正代表我們的聲音如同吳承恩筆下世界，將善惡因果業報藉繪聲繪影的生動文字與情感深入世世代代人心，打造一個良善美麗的新世界。

由於第一次刊行主題為「校園中你所不知道師長的小秘密」，受到親師生廣大回響，這一次我們根據文本：《喜閱世界》（一）〈麵茶暖和人心〉、康軒版國中國文第二冊〈背影〉與〈聲音鐘〉及〈龍眼成熟時〉、華語版電影《深夜食堂》、高中國文教材改寫徐國能〈第九味〉、櫻花牌廚具形象廣告〈愛在家系列影片之一——坐飛機的刺瓜仔湯〉，引導學生進入食物與家庭情感的懷想，又發起第二次刊行主題「一道料理，一段關係回憶」，期望找回城市中因彼此繁忙而逐漸淡忘的家庭回憶與溫暖感動。

於飲食與文學之主題活動與分項活動教學上，大致分為兩大類：一、聽說讀——閱讀與心情，細分為：（一）閱讀文本：透過小組寧靜閱讀，體會影片拍攝與文章寫作的用意，感受文本中藉由飲食傳遞親子間情感流動；（二）分析文本：透過討論，分析該段文本之人事時地物，並摘要故事重點，設計相關問題；（三）分享文本：小組成員將先前對於影片與文章的討論與問題，整理成小白板內容與全班同學分享。二、說寫——討論與創作，細分為：（一）料理（人物）採訪：在家採訪家中長輩，設計問題詢問關於該位長輩的「獨創料理」，並將採訪資訊寫在採訪單上；（二）料理（故事）描繪：將採訪單帶到課堂上，討論出最具故事性的一道料理，將採訪到的訊息寫成通順流暢的文句，最後寫成一篇完整的「料理故事」；（三）故事分享會：各組選擇一位家中長輩「獨創料理」的背後小故事與全班同學分享；（四）故事最終章：將故事呈現方式依老師的建議稍作修改後，重新安排設計於上學期施作過的《一五一十新聞報》上，並為其下一標題後，並以圖文方式呈現料理生命故事。

透過引導、懷想、採訪、討論、撰稿、設計，達到核心素養中的國-J-A1「透過國語文的學習，認識生涯及生命的典範，建立正向價值觀，提高語文自學的樂趣」、國-J-A2「透過欣賞各類文本，培養思辨的能力，並能反思內容主題，應用於日常生活中，有效處理問題。」於學習重點上分為兩區塊：一、學習表現，依據課綱：2-IV-2有效把握聽聞內容的邏輯，做出提問或回饋。5-IV-2理解各類文本的句子、段落與主要概念，指出寫作的目的與觀點。5-IV-2理解各類文本內容、形式和寫作特色。6-IV-3靈活運用仿寫、改寫等技巧，增進寫作能力。6-IV-5主動創作、自訂題目、闡述見解，並發表自己的作品。二、學習內容，則依據課綱：Ad-IV-1篇章的主旨、結構、寓意與分析。Ba-IV-2各種描寫的作用及呈現的效果。Bb-IV-4直接抒情。Bb-IV-5藉由敘述事件與描寫景物間接抒情。Cb-IV-2各類文本中所反應的個人與家庭、鄉里、國族及其他社群的關係。期望學生在寫作及美感能力更上一層樓，更期待學生能藉由家庭菜餚獨特風味體認家人關愛，建立正向品德價值觀，進而能關心他人的生命故事。學習脈絡中則展現出以學生為學習主體介紹家庭獨特風味，由物質至精神的敘寫筆法。

（一）引導

在教學活動部分由教師透過閱讀與品賞文學與影音作品，讓學生了解「家庭」、「親情」、「友情」的多種樣貌。

教材部分則是主要透過《深夜食堂》電影與漫畫，先引導學生了解「食物」與「人情味」之關聯。教師說明：一、說明何謂飲食、報導文學；二、介紹《深夜食堂》漫畫與華語版電影；三、如何進行文本（含影片）分析。

課堂上教師提問，讓學生進行深度思考：一、見到標題「深夜食堂」的感受？二、知道其為漫畫或電影作品的期待。

之後進行電影欣賞，讓學生充分進入電影情節與情境中，隨著主角食堂老闆與食客之間，因食物而結合的緣分，食堂老闆能精準替每一位食客選擇當下心情吻合的食物，而每一個食客背後感人故事，則為學生應觸及且興發美感之深刻印象。

（二）懷想

教師於課堂上與學生說明及互動，藉由提問以引發學生，進行「懷想」並掌握重點，小組討論華語版電影《深夜食堂》中印象深刻的畫面或段落，及食堂老闆又如何幫助食客找到解決問題的方法？之後由各組上臺發表想法，老師總結、收束、提點各小組討論重點及方向。由於即將開始寒假，除了提醒學生趁著過年好好觀察了解家族團聚時，長輩們準備的家族獨特風味食物，更交代寒假作業：〈華語版電影《深夜食堂》觀後感〉（文長大約四百字）與留心家庭年夜飯菜餚。

（三）採訪

開學後，除了分享同學寒假觀影心得與家族獨特料理，更於課堂上與同學分傳遞訊息：接下來我們要開始採訪家中長輩獨特料理。於課堂上進行徐國能〈第九味〉文章閱讀與分析，另一堂課則進行〈坐飛機的刺瓜仔湯〉廣告片分析及討論，一步步引導學生進入教師先設計好的問題，並在課堂上訓練同學該如何與家中長輩進行提問。

透過採訪家中長輩獨創料理的親子故事，讓學生了解「每一道料理都充滿家人的關心與慈愛」，不只為了填飽肚子，更為了在心中永遠留下長存的味道記憶，找尋在城市中因彼此繁忙而逐漸淡忘的家庭親情。

（四）討論

於課堂上進行小組成員分享，並由小組成員票選出一道能代表小組的家族特色料理，選擇標準為：特別美味、特別感人、容易描繪、材料獨特、烹調方式獨特、味道獨特、樣貌獨特等等，以此道家族獨特料理進行手繪報故事撰寫。

（五）撰稿

小組成員共同討論出撰寫感人故事（記敘文）之細項原則：人、事、時、地、物，並掌握出現在文章描述的順序或倒敘？另外從五感：視覺、聽覺、味覺、嗅覺、觸覺充分描述感官所觀察到的世界，甚至可以將小組完成的單一感官句子相互分享，甚至幫學生修改句子。

依照文章撰寫原則：總—分—總：總，一道獨特的家族料理名稱來由？滋味來由？由誰來料理？為什麼料理？是否有獨特的時間或事件引發這道料理的創作？分，分段描述對於料理的五感觀察，或者對於料理者的觀察，更深度描繪料理的滋味，之前如何？發生事件之後又如何？最後的總，則由五覺提出心覺，料理的滋味已非原先的滋味。

各組將故事完成後，則開始由教師提供的草稿、空間安排範例，進行手繪報設計。

（六）設計

筆者曾央請設計專業友人設計《一五一十新聞報》標頭（圖1），最後選定（圖2）標頭。各組在進行正式手繪報時使用統一標頭，因此教師先備妥，再由學生剪下標頭，貼在正式新聞手繪報上。

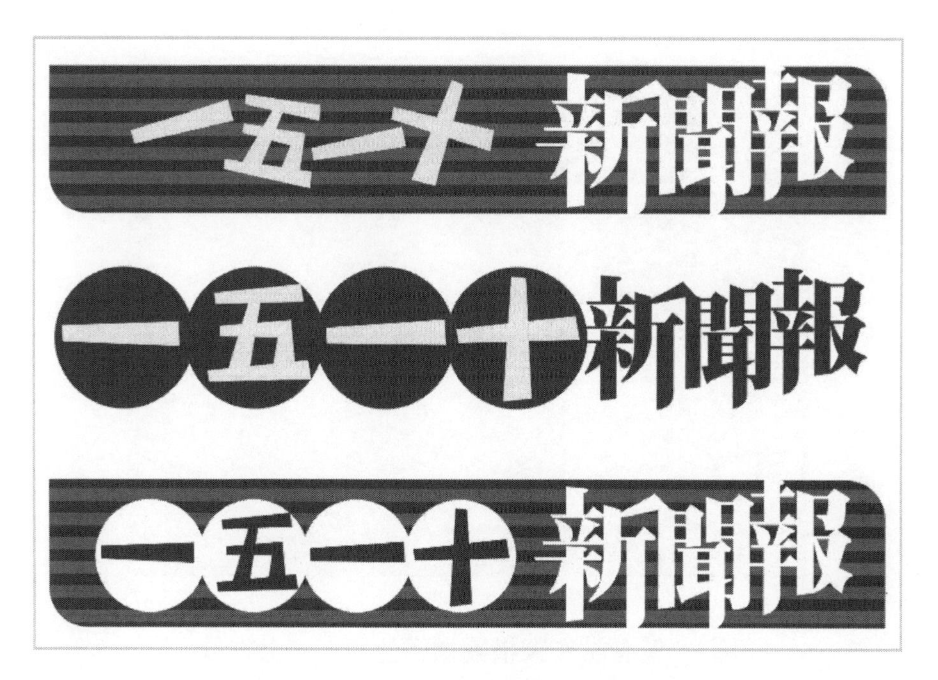

圖1　《一五一十新聞報》標頭初稿

圖2　《一五一十新聞報》標頭定稿

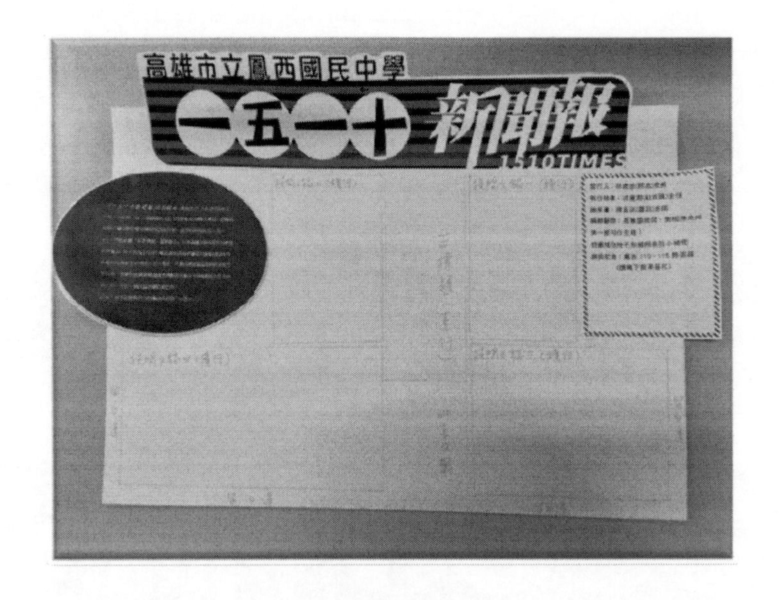

圖3　筆者試作架構圖標頭位置——上方款

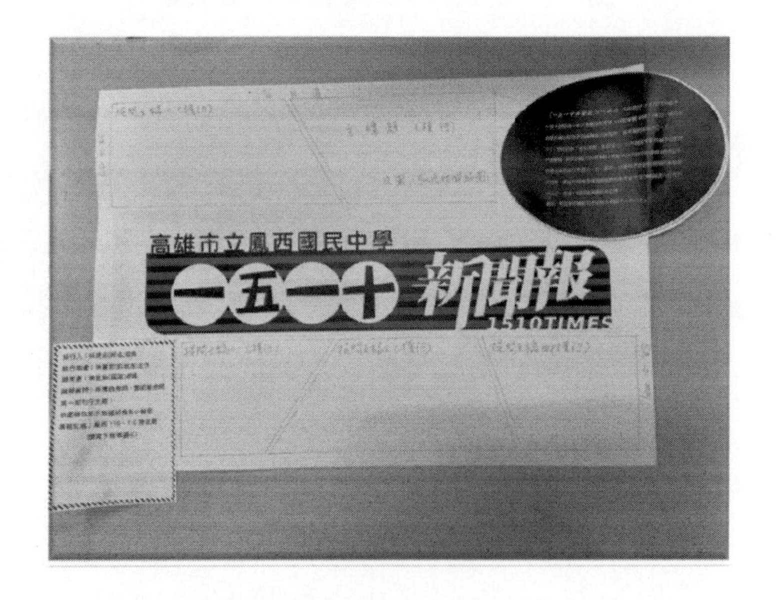

圖4　筆者試作架構圖標頭位置——中央款

此外，為了讓學生對於內容擺放的空間安排、結構有皆概念，筆者先自己試作內容擺放結構圖標頭在上方款（圖3）及標頭在中央款（圖4），讓學生能有所範例依循，先搭好鷹架，讓學生試著學習遷移。

四　課程反省與專業回饋

學生上學期在課堂上曾實作過教師採訪手繪報，以下則為實作分享：

（一）教師訪問學習成品與成效

上學期學生先由「校園裡你所不知道的師長小祕密」主題進行手繪報第一次試作，小組成員中有人擅長撰稿、有人擅長設計、還有人擅長剪裁、有人擅長繪圖，各依學生特長進行小組任務。

過程中學生比較常遇到的問題有：一、由於學生第一次進行師長訪問，因此必須先幫學生設定好可以直接提問的「罐頭問題」三至五個，例如：關於教學的故事、給予本班的鼓勵等等。二、小組原先討論好想要訪問的老師，因為老師較害羞，不願意接受訪問。三、小組分工，但仍有同學無法找到自己的任務定位。四、小組在校能夠一起討論或進行的時間很有限，小組長須立即調整小組成員的任務分配與期程，老師也須給各小組進行「信念溝通」。五、受限於版面空間，如何能有效且充分運用採訪後所蒐集的資料，因為學生有可能不清楚自己卡關於何處，教師必須主動詢問並進行理解，協助小組成員溝通以順利任務進行。（圖5、6、7、8、9）

圖5　學生課堂進行教師採訪手繪報製作完稿

圖6　教師採訪（英文老師一）

圖7　教師採訪（家政老師一）

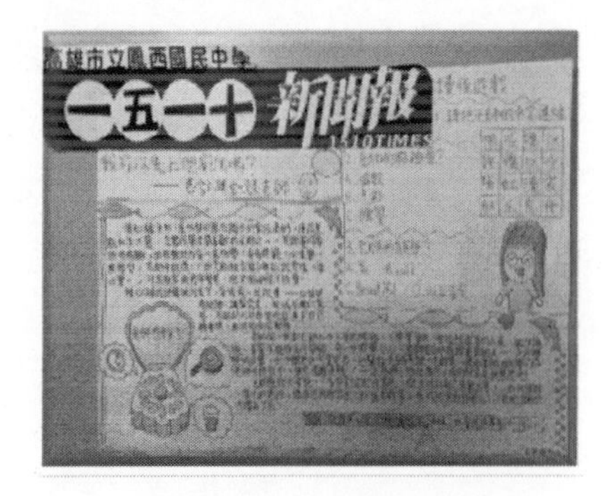

圖8　教師採訪（家政老師一）

圖9　教師採訪（英文老師二）

（二）一道料理一段關係回憶學生作品及成效

有了上學期「校園中你所不知道師長的小秘密」手繪報製作經驗，下學期製作「一道料理，一段關係回憶」主題手繪報則有相當的背景經驗。只不過這一次學生必須採訪家中長輩關於料理的故事，且這道料理為家族獨有，並將料理與自己產生連結，甚至於與家族產生情感意義。

學生對於料理故事創作手繪報各項製作時發生的困境有：一、學生票選小組代表家庭菜餚時常以「不夠獨特」，而推翻票選結果。此時教師需引導學生以「家常菜」作為選擇考量，而家族長輩透過菜餚給予晚輩的關懷才是選擇重點。二、票選小組代表菜餚後，小組成員由於分工因素，透過該票選菜餚結果進行任務執行，但各自對於菜餚的情感，只能透過小組成員描述，有時難以深入思考與想像，此時教師則協助小組進行深度溝通與思考，甚至引導小組進行想像。三、當學生在進行手繪報分工創作時，正好遇上臺灣第一次因為疫情大停課，各級學校紛紛進行線上授課，原先可以面對面溝通、情緒與情感隨即感染，透過線上教學，這些立即性的給予及回饋失去溫度，加上國中生仍須要師長在旁協助叮嚀，以至於這學期的手繪報完整度及小組完成比例不如上學期，然而仍有小組完成自我挑戰。（圖10、11）

圖10　一道料理一道關係回憶手繪報
（今晚我想來碗咖哩飯）

圖11　一道料理一道關係回憶手繪報
（考試後的獨家滋味——煎魚肚）

「今晚我想來碗咖哩飯」（圖10），學生結合時下流行「外送服務」Uber Eats，設計圖樣元素「鳳西 Eat」，並將 Uber Eats 經典廣告臺詞：「今晚我想來點……」，修改成小組手繪報主題「今晚我想來點咖哩飯」，結合得巧妙又符合時下流行。在版面設計上，標題「ㄎㄚ ㄌㄧˇ

飯」，特意使用注音符號，並在「飯」字之後，加上交通工具（機車）運送商品後所排放的廢氣。再加上一個正在烹煮咖哩的大熱鍋，上方畫上咖哩主要材料：洋蔥、玉米、肉、紅蘿蔔、馬鈴薯、咖哩塊。在燒紅的大鍋鍋體則以文字書寫製作料理方法，及與這道料理連結長輩關愛心情故事。版面設計十分活潑，唯一需要調整則是文字筆跡容易與大鍋顏色重疊，導致文字書寫無法清楚辨識，進而影響圖文並茂清晰度，文字所傳遞的情感無法閱讀。

「考試後的獨家滋味——煎魚肚」（圖11），學生將標題「煎魚肚」三字獨特設計成油瓶，並將「魚」字四孔設計成四條魚，將製作煎魚肚的材料：芥花油、鮮味炒手、虱目魚肚繪製於手繪報中，文字部分則以記敘兼抒情方式，書寫考完試後母親為自己親手製作這道獨家美味——煎魚肚，以慰勞孩子準備考試的緊張心情，而這道母親為自己製作的家常菜，最獨特之處就是恰到好處以鮮味炒手醍味。於是，每當在考試後，被課業壓力壓得喘不過氣之餘，母親這道煎虱目魚肚成為孩子最期待的美味，不僅滿足了口腹之慾，更慰藉了備考的緊張心情。

其中最值得稱頌的是，「考試後的獨家滋味——煎魚肚」這一小組完成手繪報後，在結束課程後，小組成員中有一名學生，經過繁忙的學期學習，又度過暑假後的某一天，居然自主以本次課程核心「家庭料理故事」，利用暑假較不忙碌的時間，完成一篇完整寫作〈記憶裡的紅豆湯〉（見文末附錄二），文中描述自己在某一年的暑假，因父母親工作繁忙，將自己安置在鄉下祖母家，而祖母為了孫女開心，想盡辦法將鄉村料理變得有聲有色，最後發現孫女喜歡甜湯，而這道特別為孫女花時間熬煮的紅豆湯，在祖母過世後，竟成為帶點酸楚又微甜的記憶裡的紅豆湯。由於學生寫得感人真摯，筆者將此文投向中學生可投稿文章之雜誌社，該文獲得當期雜誌中學生文章特優獎勵，並致贈獎狀及獎金，學生的學習獲得正增強後，經常於課餘閒暇進行寫作創作，經常獲得雜誌刊登作品的機會。筆者央請友人將〈記憶裡的紅豆湯〉一文進行圖像影音製作，並在課堂上播放，以興發其他同學學習模仿之正向心態，主動出擊，達到「有為者亦若是」之學習功效。

（三）公開授課後自我省思，及其他觀課教師專業回饋

筆者於二〇二一年四月進行本課程公開授課，由於授課時間有限，只能進行一堂四十五分鐘課，筆者當時呈現的是設計課程中「坐飛機的刺瓜子湯」櫻花牌廚具經典廣告（見文末附錄一），在課堂上進行五分鐘廣告播放，及引導各小組成員討論與分享想法，並記錄與回饋各小組成員想法，藉以刺激家庭獨特料理之想像，以方便進行「一道料理，一段關係回憶」之手繪報製作。

進行完這一堂四十五分鐘課後，觀課教師背景為：教授教育行政學之國小校長、高職家政老師、國小主任、同校家政老師、同校童軍老師、同校健教老師、同校理化老師、同校公民老師、同校主任組長，及當時在本校半年實習之實習老師。在議課時間內，他校與同校非國文科老師們給予回饋，有觀課老師認為小組討論後的發表，教師能給予立即性回饋，然在小組討論時，由於教師下臺巡視，在某些組別停下輔助，但有些組別卻因為時間因素無法給予協助。更有觀課老師發現，課程設計十分豐富多元，但操作時間有限，學生需要教師協助較多，因此有可能課程設計完整度充足，然於教學現場實際操作時，得視學生反映作答情況調整任務的難易度，及學生學習材料多寡的適量程度。

筆者在實際操作完課程後，無論是影片或閱讀文章，都需要學生反覆觀看、反覆閱讀的時間，而教師如何引導，又如何抽離引導，如何讓學生由教師正增強之輔助，最後能依靠小組成員彼此正向能量完

成各項任務，其次提升手繪報完整度，則是本次公開授課後筆者最有價值的反省與自我提升之反應目標。

結語

十二年國民基本教育之課程發展本於全人教育的精神，以「自發」、「互動」及「共好」為基本理念，強調學生是自發主動的學習者，學校教育應善誘學生的學習動機與熱情，引導學生妥善開展與自我、與他人、與社會、與自然的各種互動能力，協助學生應用及實踐所學、體驗生命意義，願意致力社會、自然與文化的永續發展，共同謀求彼此的互惠與共好。十二年國教課綱各領域課程設計適切融入的議題，本課程設計所融入議題，包括：品德、生命、家庭教育、閱讀素養等四項議題，更應充分回應聯合國十七項「全球永續發展目標」（Sustainable Development Goals, SDGs）的內涵，特別是其中第四項永續教育（Quality Education）的目標。並配合教育部美感教育《安妮新聞》讀報計畫，及本校「食育」、「食農」校本計畫，搭配部本國語文課程（康軒版），與本校國文科共備彈性課程教材《喜閱世界》，以設計「素養導向」教學活動——「一道料理，一段關係回憶」。

過程中學生必須透過授課教師的引導，充分的討論及與對話，更必須克服小組成員家庭背景環境不同、能力不同，以進行有效溝通，還須克服現實生活裡必須面對每學期的段考期程，甚至於頭一次面臨的新冠疫情大停課，種種突如其來的生活問題，在在影響課程施作成效，但也因此能修正本課程未來施行可能面臨的潛在問題，以全面提升現場教學的質與量。老實說，筆者因為「一道料理，一段關係回憶」課程設計，發現自己教學設計與施作的問題盲點，不斷進行修正與補充，將所發現問題減至最低，而此亦是「素養導向」教學給予老師的任務——從教學實境中發現問題，並透過各式方法努力克服解決之。

自此，筆者可以大膽假設、小心求證：藉由「一道料理，一段關係回憶」教學設計，讓筆者可以「一段教學回憶，永續教學生命」！這就是「素養導向」教學的活力。

附錄一

「一道料理，一段關係回憶」飲食、人物與報導文學創作教學設計

（一）設計理念

1 本校七年級國文科選用康軒版（一〇九學年）國中國文教材，而彈性課程安排有《喜閱世界》（一）、（二），由校內國文老師共備文本教材。

2 上學期結合康軒版課本範文胡適〈差不多先生傳〉、洪醒夫〈紙船印象〉、古蒙仁〈吃冰的滋味〉、張騰蛟〈那默默的一群〉、琦君〈下雨天，真好〉，與本校彈性課程教材「人物」主題，因為幫學生申請教育部為中小學設計的美感智能報《安妮新聞》（ANNE TIMES），親師生共同深受報紙內容與安排的啟發，於是我們以圖文創作形式製作了《一五一十新聞報》（1510 TIMES），之所以命名為「一五一十」，主要原因為：七年十五班與七年十班閱讀教育部《安妮新聞》（ANNE TIMES），欲模仿其版式藉以綜合學習編輯採訪與寫作，故將報紙命名為「一五一十」，亦取其義「老老實實、單純誠心」以手繪圖文創作屬於我們世代的聲音。英文名稱《1510 TIMES》起名自我們最愛的書籍《西遊記》，作者吳承恩誕生於西元一五一零年，代表我們的聲音如同吳承恩筆下世界，將善惡因果業報藉繪聲繪影的生動文字與情感深入世世代代人心，打造一個良善美麗的新世界。

3 由於第一次刊行主題「校園中你所不知道師長的小秘密」，受到親師生廣大迴響，本學期我們根據文本：《喜閱世界》(一)〈麵茶暖和人心〉、康軒版國中國文第二冊〈背影〉與〈聲音鐘〉及〈龍眼成熟時〉、華語版電影《深夜食堂》、徐國能〈第九味〉、櫻花牌廚具形象廣告〈愛在家系列影片之一——坐飛機的刺瓜仔湯〉，引導學生進入食物與家庭情感的懷想，又發起第二次刊行主題「一道料理，一段關係回憶」，期望找回城市中因彼此繁忙而逐漸淡忘的家庭回憶與溫暖感動。

4 透過引導、懷想、採訪、討論、撰稿、設計，達到核心素養中的國-J-A1「透過國語文的學習，認識生涯及生命的典範，建立正向價值觀，提高語文自學的樂趣」，期望學生在寫作能力更上一層樓，更期待學生能藉由家庭菜餚獨特風味體認家人關愛，建立正向價值觀，進而能關心他人的生命故事。

(二) 主題架構說明

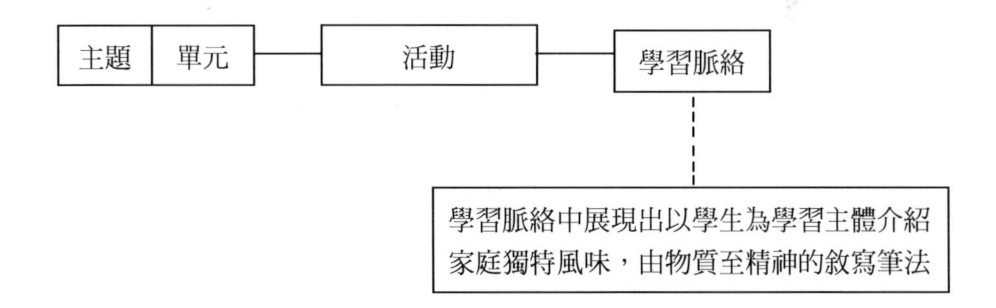

（三）主題架構圖

<table>
<tr><td rowspan="7">飲食與文學</td><td rowspan="3">一、閱讀與心情：聽說讀</td><td>（一）閱讀文本</td><td>透過小組寧靜閱讀，體會影片拍攝與文章寫作的用意，感受文本中藉由飲食傳遞親子間情感流動。</td></tr>
<tr><td>（二）分析文本</td><td>透過討論，分析該段文本之人事時地物，並摘要故事重點，設計相關問題。</td></tr>
<tr><td>（三）分享文本</td><td>小組成員將先前對於影片與文章的討論與問題，整理成小白板內容與全班同學分享。</td></tr>
<tr><td rowspan="4">二、討論與創作：說寫</td><td>（一）料理（人物）採訪</td><td>在家採訪家中長輩，設計問題詢問關於該位長輩的「獨創料理」，並將採訪資訊寫在採訪單上。</td></tr>
<tr><td>（二）料理（故事）描繪</td><td>將採訪單帶到課堂上，討論出最具故事性的一道，將採訪到的訊息寫成通順流暢的文句，最後寫成一篇完整的「料理故事」。</td></tr>
<tr><td>（三）故事分享會</td><td>各組選擇一位家中長輩「獨創料理」的背後小故事與全班同學分享。</td></tr>
<tr><td>（四）故事最終章</td><td>將故事呈現方式依老師的建議稍作修改後，重新安排設計於上學期施作過的「一五一十新聞報」上，並為其下一標題後，並以圖文方式呈現料理生命故事。</td></tr>
</table>

(四) 教學單元設計

<table>
<tr><td colspan="2">領域／科目</td><td>彈性學習課程（喜閱世界）</td><td>設計者</td><td>高雄市鳳西國中陳宜政</td></tr>
<tr><td colspan="2">實施年級</td><td>七年級</td><td>總節數</td><td>共十二節</td></tr>
<tr><td colspan="2">單元名稱</td><td colspan="3">人物、飲食、報導——「一道料理，一段關係回憶」</td></tr>
<tr><td colspan="5">設計依據</td></tr>
<tr><td rowspan="2">學習重點</td><td>學習表現</td><td>2-IV-2
有效把握聽聞內容的邏輯，做出提問或回饋。

5-IV-2
理解各類文本的句子、段落與主要概念，指出寫作的目的與觀點。

5-IV-2
理解各類文本內容、形式和寫作特色。

6-IV-3
靈活運用仿寫、改寫等技巧，增進寫作能力。

6-IV-5
主動創作、自訂題目、闡述見解，並發表自己的作品。</td><td rowspan="2">核心素養</td><td rowspan="2">國-J-A1
透過國語文的學習，認識生涯及生命的典範，建立正向價值觀，提高語文自學的興趣。

國-J-A2
透過欣賞各類文本，培養思辨的能力，並能反思內容主題，應用於日常生活中，有效處理問題。</td></tr>
<tr><td>學習內容</td><td>Ad-IV-1
篇章的主旨、結構、寓意與分析。</td></tr>
</table>

		Ba-IV-2 各種描寫的作用及呈現的效果。 Bb-IV-4 直接抒情。 Bb-IV-5 藉由敘述事件與描寫景物間接抒情。 Cb-IV-2 各類文本中所反應的個人與家庭、鄉里、國族及其他社群的關係。		
議題融入	實質內涵	家庭教育、閱讀教育、品德教育、生命教育		
	所融入之學習重點	一、透過閱讀與品賞文學與影音作品，讓學生了解「家庭」的多種樣貌。 二、透過採訪家中長輩獨創料理的親子故事，讓學生了解「每一道料理都充滿家人的關心與慈愛」，不只為了填飽肚子，更為了在心中永遠留下長存的味道記憶，找尋在城市中因彼此繁忙而逐漸淡忘的家庭親情。		
教材來源		華語版電影《深夜食堂》、徐國能〈第九味〉、櫻花牌廚具形象廣告〈愛在家系列影片之一——坐飛機的刺瓜仔湯〉		
教學設備／資源		教室、PPT、校編講義、自編講義、自編學習單、自編新聞樣版稿		
學習目標				
一、認識飲食相關文學影音作品，並能欣賞、學習其敘事技巧。 二、透過採訪家中長輩，增進親子的互動，了解家給予人的成長動力。				

三、透過上臺分享，訓練在眾人發表的膽識，習得口語表達的能力。 四、透過訪問，架構並寫就一篇情節完整的飲食故事，省思自己的親子關係與生命價值。 五、透過自己所寫的飲食故事，編輯連綴成為一篇有溫度的報導圖文。		
教學活動內容及實施方式	時間	備註
第一大主題　飲食文學：華語版電影《深夜食堂》（共五堂課）	共225分鐘	講義、學習單
第一堂課		
一、教師說明 （一）說明何謂飲食、報導文學 （二）介紹《深夜食堂》漫畫與華語版電影 （三）如何進行文本（含影片）分析 二、教師提問與學生回答 （一）見到標題「深夜食堂」的感受 （二）知道其為漫畫或電影作品的期待	45分鐘	
第二堂課 華語版電影《深夜食堂》欣賞	45分鐘	投影機
第三堂課 華語版電影《深夜食堂》欣賞	45分鐘	投影機
第四堂課 一、教師說明與學生互動 小組討論華語版電影《深夜食堂》中印象深刻的畫面或段落，食堂老闆又如何幫助食客找到解決問題的方法？ 各組上臺發表想法。 老師總結、收束、提點寫作方向。 二、交代寒假作業 寒假作業：〈華語版電影《深夜食堂》觀後感〉（文長大約四百字）與留心家庭年夜飯菜餚。	45分鐘	
第五堂課	45分鐘	

一、教師說明與學生互動 小組同學交換閱讀〈華語版電影《深夜食堂》觀後感〉，並試著找出文章中兩項優點與兩項需要提升之處。 小組內自行票選最優良作品，並討論將其修改更完善。 各小組上臺朗誦組內票選最優良作品，並說明為什麼？ 全班票選最優良作品，作者當上榮譽寶座並接受全班同學掌聲鼓勵，其作品將於修改後投稿市面上刊行的中學生報或中小學生文學雜誌。 二、提點下次上課教學核心與預習重點		
第二大主題　飲食文學：徐國能〈第九味〉與櫻花牌廚具形象廣告〈愛在家系列影片之一——坐飛機的刺瓜仔湯〉 **（共兩堂課）**	共90分鐘	講義、任務單、投影機
第一堂課 教師說明與學生互動 作者介紹與閱讀文本 提問與討論 說明影片中人、事、時、地、物，並完成討論提問單表格。 二、學生發表心得	45分鐘	
第二堂課 一、教師說明與學生互動 （一）影片說明與觀賞引導 （二）提問與討論 說明影片中人、事、時、地、物，並完成討論提問單表格。 二、學生發表心得 三、說明一五一十新聞報重點核心與安排	45分鐘	

第三大主題　一五一十新聞報撰稿與編輯——一道料理，一段關係回憶 **（共五堂課）**	共225分鐘	
第一堂課 小組成員分享過去進行家族年夜飯的種種過程。 選擇一道家族代表性料理，並說明為什麼如此選擇。 三、擬定此道料理製作方式及背後意義的採訪方向。	45分鐘	
第二堂課 討論採訪筆記如何編輯連綴成文字與圖像，小組完成文字初稿並與老師討論，潤飾修改初稿。	45分鐘	
第二堂課 製作一五一十新聞報：一道料理，一段關係回憶		
第四堂課 製作一五一十新聞報：一道料理，一段關係回憶	45分鐘	
第五堂課	45分鐘	
小組課堂分享製作一五一十新聞報之心酸血淚過程，與成品意義與價值核心之所在，更抒發製作完成之心得感想	45分鐘	

（五）相關教學資料與學習單附件

附件一　宜政老師文學美學人生任務單　華語版電影《深夜食堂》相關資料

附件二　宜政老師文學美學人生任務單　徐國能〈第九味〉文本與提問

附件三　宜政老師文學美學人生任務單　坐飛機的刺瓜仔湯

附件一　宜政老師文學美學人生任務單

華語版電影《深夜食堂》相關資料

班級：　　　　座號：　　　　姓名：　　　　年級：

完成日期：　　　　　　　　　家長簽章：

《深夜食堂》（日語：深夜食堂）是安倍夜郎創作的日本漫畫作品。二〇〇六年十月在小學館發行的漫畫雜誌《Big Comic Original增刊》初次發表，一次刊登三話，接下來每一期登出兩話。二〇〇七年八月開始在《Big Comic Original》連載。

二〇〇九年十月拍成電視劇，由小林薰主演，二〇一一年十月電視劇的續集播映。二〇一三年三月由臺灣財團法人公共電視文化事業基金會獨家取得電視劇播出和發行中文 DVD-Video 版權。

二〇一〇年贏得第五十五屆（平成二十一年度）小學館漫畫賞「一般讀者類別」獎項，同年又獲得第三十九屆日本漫畫家協會獎大獎。

二〇一四年十月，第三季電視劇於日本 TBS 電視臺與每日放送播映。第四季於二〇一六年透過網站 Netflix，向全球超過一九〇國家發布。第五季《深夜食堂——東京故事2》共十集，於二〇一九年十月在 Netflix 首播。

電影版於二〇一五年一月三十一日，其續集於二〇一六年十一月五日公映。

二〇一五年六月，韓國 SBS 改編成同名電視劇播映。二〇一七年，由北京華錄百納影視有限公司主導改編的華語版同名電視劇播出。香港電影版由梁家輝自導自演，於二〇一九年八月上映。

講述了一位在上海小弄堂里經營深夜小餐館的中年大叔，為每一位到訪食客做一份只屬於他（她）的食物的暖心故事。食客包括為自己和女朋友的未來日夜奔波的計程車司機、相依為命的母子、因身材自卑不敢去愛的胖女孩、窮苦無依在城市流浪的歌手。而在這些坎坷心酸的遭遇里，大叔的深夜食堂成了慰藉他們的解藥。片中融入了糖藕、辣炒蜆子、蛋餅、雞湯餛飩、包子等家常美食。蛋餅代表著愛情、餛飩是家的味道、糖藕是疲憊生活中的一點甜，食物背後藏著每個人不可言說的意義。

附件二　宜政老師文學美學人生任務單

徐國能〈第九味〉文本與提問

班級：　　　　座號：　　　　姓名：　　　　年級：

完成日期：　　　　　　　　家長簽章：

給予小組評分（滿分 100）：　理由（請握著良心真誠描述）：

給予自我評分（滿分 100）：　理由（請含著良心真誠描述）：

徐國能　　〈第九味〉

我的父親常說：「喫是為己，穿是為人。」這話有時想來的確有些意思，喫在肚裡長在身上，自是一點肥不了別人；但穿在身上，漂亮一番，往往取悅了別人而折騰了自己。父親作菜時這麼說，喫菜時這麼說，看我們穿新衣時也這麼說，我一度以為這是父親的人生體會，但後來才知道我的父親並不是這個哲學的始作俑者，而是當時我們「健樂園」大廚曾先生的口頭禪。

一般我們對於廚房裡的師傅多稱呼某廚，如劉廚王廚之類，老一輩或矮一輩的幫手則以老李小張稱之，惟獨曾先生大家都喊聲「先生」，這是一種尊敬，有別於一般廚房裡的人物。

曾先生矮，但矮得很精神，頭髮已略花白而眼角無一絲皺紋，從來也看不出曾先生有多大歲數。我從未見過曾先生穿著一般廚師的圍裙高帽，天熱時他只是一件麻紗水青斜衫，冬寒時經常是月白長袍，乾乾淨淨，不染一般膳房的油膩腌臢，不識他的人看他一臉清癯，而眉眼間總帶著一股凜然之色，恐怕以為他是個不世出的畫家詩人之類，或是笑傲世事的某某教授之流。

曾先生從不動手作菜，只喫菜，即使再怎麼忙，曾先生都是一派閒氣地坐在櫃檯後讀他的《中央日報》，據說他酷愛唐魯孫先生的文章，雖然門派不同（曾先生是湘川菜而唐魯孫屬北方口味兒），但曾先生說：「天下的喫到底都是一個樣的，不過是一根舌頭九樣味。」那時我年方十歲，不喜讀書，從來就在廚房竄進竄出，我只知酸甜苦辣鹹澀腥沖八味，至於第九味，曾先生說：「小子你才幾歲就想嚐遍天下，滾你的蛋去。」據父親說，曾先生是花了大錢請了人物套交情才聘來的，否則當時「健樂園」怎能高過「新愛群」一個級等呢？花錢請人來光喫而不做事，我怎麼看都是不合算的。

我從小命好，有得喫。

母親的手藝絕佳，比如包粽子吧！不過就是醬油糯米加豬肉，我小學莊老師的婆婆就是一口氣多喫了兩個送去醫院的，老師打電話來問秘訣，母親想了半天，說：竹葉兩張要一青一黃，醬油須拌勻，豬肉不可太肥太瘦，蒸完要瀝乾……如果這也算「秘訣」。

但父親對母親的廚藝是鄙薄的，母親是浙江人，我們家有道經常上桌的家常菜，名曰：「冬瓜蒸火腿」，作法極簡，將火腿（臺灣多以家鄉肉替代）切成薄片，冬瓜取中段一截，削皮後切成梯形塊，一塊冬瓜一片火腿放好，蒸熟即可食。需知此菜的奧妙在於蒸熟的過程冬瓜會吸乾火腿之蜜汁，所以上桌後火腿已淡乎寡味，而冬瓜則具有瓜蔬的清苦之風與火腿的華貴之氣，心軟邊硬，汁甜而不膩，令人傾倒。但父親總嫌母親切菜時肉片厚薄不一，瓜塊大小不勻，因此味道上有些太濃而有些太淡，只能「湊合湊合」。父親在買菜切菜炒菜調味上頗有功夫，一片冬瓜切得硬是像量角器般精準，這刀工自是大有來頭，因與本文無關暫且按下不表，話說父親雖有一手絕藝，但每每感嘆他只是個「二廚」的料，真正的大廚，只有曾先生。

稍具規模的餐廳都有大廚，有些名氣高的廚師身兼數家「大廚」，謂之「通灶」，曾先生不是「通灶」，但絕不表示他名氣不高。「健樂園」的席有分數種價位，凡是掛曾先生排席的，往往要貴上許多。外行人常以為曾先生排席就是請曾先生親自設計一道從冷盤到甜湯的筵席，其實大非，菜色與菜序排不排席誰來排席其實都是差不多的，差別只在上菜前曾先生是不是親口嚐過。從來我見曾先生都是一嚐即可，從來沒有打過回票，有時甚至只是看一眼就「派司」，有人以為這只是個形式或是排場而已，這當然又是外行話了。

要知道在廚房經年累月的師傅，大多熟能生巧，經歪斜斜地寫著「九味牛肉麵」，我心中一動，進到店中，簡單的陳設與極少的幾種選擇，不禁使我有些失望，一個肥胖的女人幫我點單下麵後，自顧自的忙了起來，我這才發現暗暝的店中還有一桌有人，一個禿頭的老人沉浸在電視新聞的巨大聲量中，好熟悉的背影，尤其桌上一份《中央日報》，與那早已滿漬油水的唐魯孫的《天下味》，曾先生，我大聲喚了幾次，他都沒有回頭，「我們老闆姓吳」，胖女人端麵來的時候說。

「不！我姓曾。」曾先生在我面前坐下。

我們聊起了許多往事，曾先生依然精神，但眼角已有一些落寞與滄桑之感，滿身廚房的氣味，磨破的袖口油漬斑斑，想來常常抹桌下麵之類。

我們談到了喫，曾先生說：一般人好喫，但大多食之無味，要能粗辨味者，始可言喫，但真正能入味之人，又不在乎喫了，像那些大和尚，一杯水也能喝出許多道理來。我指著招牌問他「九味」的意思，曾先生說：辣甜鹹苦是四主味，屬正；酸澀腥沖是四賓味，屬偏。偏不能勝正而賓不能奪主，主菜必以正味出之，而小菜則多偏味，是以好的筵席應以正奇相生而始，正奇相剋而終……突然我覺得彷彿又回到了「健樂園」的廚房，滿鼻子菜香酒香，爆肉的嗶啵聲，剁碎的篤篤聲，趙胖子在一旁暗笑，而父親正勤作筆記，我無端想起了「健樂園」穿堂口的一幅字：「樂遊古園崒森爽，煙綿碧草萋萋長。公子華筵勢最高，秦川對酒平如掌……」

那逝去的像流水，像雲煙，多少繁華的盛宴聚了又散散了又聚，多少人事在其中，而沒有一樣是留得住的。曾先生談興極好，用香吉士的果汁杯倒滿了白金龍，顫抖地舉起，我們的眼中都有了淚光，「卻憶年年人醉時，只今未醉已先悲」，我記得〈樂遊園歌〉是這麼說的，我們一直喝到夜闌人靜。

之後幾個星期連上忙著裝備檢查，都沒放假，再次去找曾先生時門上貼了今日休息的紅紙，一直到我退伍。我知道我再也找不到他了，心中不免悃然。有時想想，那會是一個夢嗎？我對父親說起這件事，父親並沒有訝異的表情，只是淡淡地說：勞碌一生，沒人的時候急死，有人的時候忙死……我不懂這話在說什麼。

如今我重新拾起書本，覺得天地間充滿了學問，一啄一飲都是一種寬慰。有時我會翻出〈樂遊園歌〉吟哦一番，有時我會想起曾先生話中的趣味，曾先生一直沒有告訴我那第九味的真義究竟是什麼，也許是連他自己也不清楚；也許是因為他相信，我很快就會明白。

——本文獲文建會第三屆大專文學獎散文首獎

樂遊園歌　　杜甫

樂遊古園崒森爽，煙綿碧草萋萋長。公子華筵勢最高，秦川對酒平如掌。
長生木瓢示真率，更調鞍馬狂歡賞。青春波浪芙蓉園，白日雷霆夾城仗。
閶闔晴開詄蕩蕩，曲江翠幕排銀牓。拂水低回舞袖翻，緣雲清切歌聲上。
卻憶年年人醉時，只今未醉已先悲。數莖白髮那拋得，百罰深杯亦不辭。
聖朝亦知賤士醜，一物自荷皇天慈。此身飲罷無歸處，獨立蒼茫自詠詩。

任務一　分析〈第九味〉說故事的技巧

標題「第九味」是什麼意思？______________________________

故事敘寫手法（倒敘或順敘）：______________________________

Step1　地點（原來在哪間餐廳？最末又在哪間麵館？）：______________________________

Step2　時間（作者何時與主角認識？又在何時遇見？）：______________________________

Step3　人物：______________________________

Step4　料理：______________________________

Step5　事件 A：______________________________

Step6　轉折：______________________________

Step7　事件 B：______________________________

Step8　關係（故事主要描述誰與誰的關係？原先兩人關係如何？後來如何？）：______________________________

____

____

____

Step9　結局：______________________________

____

____

Step10　其他（還有哪些看到的細節？或者是影片沒有告訴觀眾的事？）：______________________________

____

____

任務二　換我來說說評評看

第一組報告得分：1 2 3 4 5（圈選） 給分理由是：	第二組報告得分：1 2 3 4 5（圈選） 給分理由是：
第三組報告得分：1 2 3 4 5（圈選） 給分理由是：	第四組報告得分：1 2 3 4 5（圈選） 給分理由是：
第五組報告得分：1 2 3 4 5（圈選） 給分理由是：	第六組報告得分：1 2 3 4 5（圈選） 給分理由是：
第七組報告得分：1 2 3 4 5（圈選） 給分理由是：	第八組報告得分：1 2 3 4 5（圈選） 給分理由是：
第九組報告得分：1 2 3 4 5（圈選） 給分理由是：	

附件三　宜政老師文學美學人生任務單

坐飛機的刺瓜仔湯

班級：　　　　　座號：　　　　　姓名：　　　　　年級：

完成日期：　　　　　　　　　　　家長簽章：

給予小組評分（滿分 100）：　　理由（請握著良心真誠描述）：

給予自我評分（滿分 100）：　　理由（請含著良心真誠描述）：

靜心練字：朗讀後，請照著字帖描

家裡收藏著一種愛

叫做「味道」

以家人為底，加點酸甜苦辣的情緒為佐料

放進一個名叫生活的鍋子

用一輩子的時間微火慢煲

熬一碗喝不膩的味道

任務一　分析〈坐飛機的刺瓜仔湯〉影片說故事的技巧

標題「刺瓜仔湯」為什麼要「坐飛機」？＿＿＿＿＿＿＿＿＿＿

影片敘說手法（倒敘或順敘）：＿＿＿＿＿＿＿＿＿＿

Step1 地點：＿＿＿＿＿＿＿＿＿＿

Step2 時間：＿＿＿＿＿＿＿＿＿＿

Step3 人物：＿＿＿＿＿＿＿＿＿＿

Step4 料理：＿＿＿＿＿＿＿＿＿＿

Step5 事件 A：＿＿＿＿＿＿＿＿＿＿

Step6 轉折：＿＿＿＿＿＿＿＿＿＿

Step7 事件 B：＿＿＿＿＿＿＿＿＿＿

Step8 關係（影片主要描述誰與誰的關係？原先兩人關係如何？後來如何？怎麼改善？）：＿＿

＿＿＿＿＿＿＿＿＿＿

＿＿＿＿＿＿＿＿＿＿

＿＿＿＿＿＿＿＿＿＿

Step9 結局：＿＿＿＿＿＿＿＿＿＿

＿＿＿＿＿＿＿＿＿＿

＿＿＿＿＿＿＿＿＿＿

Step10 其他（還有哪些看到的細節？或者是影片沒有告訴觀眾的事？）：＿＿＿＿＿＿

＿＿＿＿＿＿＿＿＿＿

任務二　換我來說說評評看

第一組報告得分：1 2 3 4 5（圈選） 給分理由是：	第二組報告得分：1 2 3 4 5（圈選） 給分理由是：
第三組報告得分：1 2 3 4 5（圈選） 給分理由是：	第四組報告得分：1 2 3 4 5（圈選） 給分理由是：
第五組報告得分：1 2 3 4 5（圈選） 給分理由是：	第六組報告得分：1 2 3 4 5（圈選） 給分理由是：
第七組報告得分：1 2 3 4 5（圈選） 給分理由是：	第八組報告得分：1 2 3 4 5（圈選） 給分理由是：
第九組報告得分：1 2 3 4 5（圈選） 給分理由是：	

任務三　換我來問問寫寫看

Step1 料理：__________

Step2 人物：__________

Step3 地點：__________

Step4 時間：__________

Step5 事件 A：__________

Step6 轉折：__________

Step7 事件 B：__________

Step8 關係：__________

Step9 結局：__________

訪談與紀錄：

提問一　製作這道料理的材料 筆記重點：	提問二　製作這道料理的時機和情緒 筆記重點：
提問三　品嚐這道料理的滋味 筆記重點：	提問四　品嚐這道料理的心情 筆記重點：
連綴訪談筆記重點成為一篇文章（散文、小說、詩歌、Q & A）	
本文標題為：	

任務四　《一五一十新聞報》「一道料理，一段關係回憶」設計草稿圖

高雄市立鳳西國民中學

一五一十新聞報

附錄二

記憶裡的紅豆湯

鳳〇國中　八年〇班　歐〇〇同學

回想起那個盛夏，一到家裡頭永遠都有一鍋香味四溢的紅豆湯，打開門後，我就急急忙忙的換下運動鞋、拋下書包，以迅雷不及掩耳的速度打開冰箱門，一股涼意撲來，沁涼了夏日熱情，享受片刻的涼爽後，我手忙腳亂從廚房拿出一個淡藍色的玻璃碗，打算先盛滿一碗，滿足我垂涎已久的心靈，從流金鑠石的天氣中偷閒，此時，一個略帶沙啞的聲音從廚房的方向傳來：「先來吃飯，吃飽了再喝紅豆湯。」

有一個暑假，爸媽因工作的緣由需要到外地出差，不放心我一個乳臭未乾的小孩獨自待在家，便將我送到鄉下的奶奶家，但找出當初的記憶，印象中，我總是將奶奶煮的菜拒之千里外，由於奶奶持齋把素多年，料理方式通常也只是以水煮居多，餐桌上的常客就是一盤帶著水珠的青江菜，淋上深褐色的醬油膏、一碗被滷汁掩蓋的炸豆皮和一鍋上面浮著一層油的豆腐湯，對於習慣大魚大肉的我，即使是飢腸轆轆時，我的味覺也會主動與它們牴觸，在心中天人交戰多時後，鼓起勇氣夾起了一小片豆皮，當它一觸碰到我的舌尖，雙眼瞇成一條直的線，眉毛不自覺的向上挑，嫌棄的吐出舌頭，碗筷和桌面碰撞發出了一聲巨響，快步到自己房間，從從包包中拿出一包外表鮮麗的洋芋片，賭氣的大口大口的吃著，香脆的咀嚼聲在耳旁徘徊著，將奶奶的嘆息聲遮掩的完全。這樣的場景一遍又一遍的重新上演，對孫子的擔憂如江水般撲向奶奶，正在為此煩惱時，靈機一動，打電話向我爸爸探聽她的乖孫喜歡吃什麼，得知我喜歡喝甜湯的消息後，就開始每天一早去菜市場，買一袋殷紅色的紅豆，在廚房熬煮著香甜可口的紅豆湯。

奶奶煮的紅豆湯，和市售的不同，入口先是以冰涼將我的口腔包圍，再來咬下粒粒飽滿的紅豆，散發出甜而不膩的氣味，最後是淡淡的紅豆清香在口中縈繞著，不浮誇的說，對我而言，這是世上最美好的一碗湯。飯後才能喝湯的方法的確立竿見影，每每想到紅豆湯滋味，我就會暫時拋下對桌上食物的厭惡，狼吞虎嚥的扒完碗中的飯與桌上的菜色，眉開眼笑的盛一碗紅豆湯，一口一口的細細品嚐，每一口都彷彿是一場悅耳動聽的交響樂，在我口中和諧的演奏這樣。奶奶直勾勾盯著我，露出了一個慈藹又滿意的笑容。

後來我回到了城市，就再也沒機會喝到那碗紅豆湯了。一些日子後，媽媽說奶奶要到我們家住，我開心極了，是不是又可以每天嚐到紅豆湯的滋味？但事與願違，原因是奶奶的失智情況愈來愈嚴重，連我們的樣子在她心中也漸漸模糊，無法再讓她獨自生活了，才會決定將奶奶接到城市中照顧。不久之後的一日，我走到如雨後春筍般冒出的飲料店中，點了一杯紅豆湯，但卻怎麼喝，都覺得少了些什麼，後來，我才發現，少了的不是任何一個材料或調味，而是一個願意無條件包容你、寵溺你，並煮好湯等你回家的人。雖然那股滋味再也無法復刻，可是那個盛夏、那碗湯和那個滿意的笑臉，永遠無法從我的心中抽離。

附記

在小組製作完手繪報一學期後，學生自發性依循自己的靈感完成散文創作，並遞交老師投稿，獲得雜誌社刊登獲得優選獎勵。

學生完成散文習作後，筆者請朋友製作影音檔（圖12、13、14）。筆者在課程結束許久後在課堂上播放，其他學生從同儕作品中再次比較與感受。

圖12

圖13

圖14

「感」？不「感」？試試才知道！

——透過五感學習國中教科書裡的《論語》〈述而〉「三人行，必有我師焉」

前言

青春期階段已經進入皮亞傑（Piaget, 1896-1980）認知發展理論的最高層次，此即形式運思期（formal operations）。此一發展通常發生於十一歲左右，他帶給青年人一種新的、更有彈性的訊息操作方式，他們的思考不再受限於此時此地，而且能夠解釋歷史時間與超越地表空間，他們現在能夠以一個象徵符號來代表另一個符號（例如以 X 代表未知數），因此可以開始學習代數和微積分；也可以更加地解釋隱喻與寓意，因此可以發現文學中更豐富的意義，他們現在已經可以用「可能是⋯⋯」的角度來思考，而不僅是「是⋯⋯」的單一角度，還可能想像各種可能性，並形成假說、驗證假說，而抽象思考也可能有情緒上的意涵，「青少年可能熱愛自由，或討厭剝削⋯⋯可能性與理想同時擄獲了他們的心靈與感情。」（H. Ginsburg & Opper, 1979, p.201）

古希臘哲學家亞里斯多德（Aristotle）為西方最早提出五感（Lloyd & Mitchinson），一般認知的「五感」是指視覺、聽覺、嗅覺、味覺和觸覺五種感官的感知，但對應的並非五官，而其感受的部位分別是人體的眼、耳、鼻、口舌、皮膚，統稱五感，Lindstrom（2005）提出二十一世將會是五感兼備的時代。

《論語》為華語地區教授散文類文言文最佳啟蒙，其中蘊含儒家哲理哲思，具有傳遞中華文化重要價值觀念，對於盲動的青春期學子亦具有收束以向學，但又能發展其個體活脫靈動特質，彰顯個人於習得知識義理之功效。〈顏淵〉:「顏淵問仁。子曰:『克己復禮為仁。一日克己復禮，天下歸仁焉。為仁由己，而由人乎哉？』顏淵曰:『請問其目。』子曰:『非禮勿視，非禮勿聽，非禮勿言，非禮勿動。』顏淵曰:『回雖不敏，請事斯語矣。』」孔子很早即將感官分別與禮教結合，認為從哪一個人類的感覺接受器接收，由道德價值觀判斷後做出回應，凡是不合乎儒家禮節標準一概不可以接受。

筆者於中學任教已有二十多年，早在九年一貫前，版本尚未開放的國立編譯館時代，《論語》即是非常重要的文化價值資產課程。以往教授《論語》一課時，老師們大多採以介紹儒家學說、孔子人格、孔子及其與學生的應答，及《論語》一書的成形，國中學生在課堂上接受此單元的反應通常是兩極。臺灣教科書翰林版國文七年級上學期，選取《論語》中〈學而〉、〈述而〉、〈子罕〉、〈子張〉篇各一則，透過授課教師（筆者）帶領，並結合養護植物人機構參訪，引導學生身體力行，透過五種人體感官將《論語》〈述而〉一則「三人行，必有我師焉」之意涵統合吸收，發展《論語》精神而內化成學生人格之一部分。

一　五種感官的介入與引導

語文教學常常只能在教室進行，或著透過理論與提問的引導，以達成教學目標。筆者試圖打開學生感官，進而由描述感覺接收器接收到的感覺，提升文字表達能力以進行感悟抒發。

（一）五官與五感

科學理論裡提到的五感，與文學裡的描述十分不同：

1 視覺

（1）定義視覺

視覺乃視覺系統外的感覺器官（眼睛），接受環境裡一定的波長範圍內之電磁波刺激，經中樞系統等有關部分進行編碼加工和分析後，獲得的主觀感覺。

人的眼睛可區分為感光細胞（視桿細胞和視錐細胞）的視網膜和折光（角膜，房水，晶狀體和玻璃體）系統兩部分。能接受的適宜刺激乃波長為三八〇至七六〇奈米的電磁波，此即所謂的可見光，大約一五〇種顏色。可見光通過折光系統在視網膜上形成影像，經視神經傳入大腦視覺中樞，可以分辨物體的色澤和亮度，可以看見視覺範圍內的發光或反光物體的輪廓、形狀、大小、顏色、遠近和表面細節等。通過視覺，人和動物得以感知生活世界裡物體的大小、明暗、顏色、動靜等具有意義的各種訊息，訊息中至少有百分之八十以上必須經由視覺獲得，視覺可是人和動物最重要的感覺。

（2）視覺感受野（receptive field of vision）

指視網膜上特定區域與範圍，當其接受到刺激，就能讓視覺系統活絡，也使得與視網膜有聯繫的各神經細胞展開活動，網膜上屬於此區域範圍即是視覺神經細胞的感受視野。科學家曾經做過相關視覺欺騙試驗，發現人類「所見」內容，和其本身「想見」內容有關，如

Werblin & Roska（2007）提出當大腦接收眼睛視網膜的微弱電流，透過視神經傳送到大腦的視覺皮質層，此即是經由眼睛傳送訊息，再透過人已經認知的構成法則，與認識事物的相關知識去解讀，對於人而言才能變成有意義且可理解的事物。因此人類大腦識別物體時，會將物體的特徵、輪廓、顏色等，經由不同的腦區協同運作後，再呈現出人們所看到的世界（Martinovic, Gruber, & Müller, 2008）。

2　聽覺

（1）定義聽覺

指聲源振動所引起的聲波，通過外耳和中耳組成的傳音系統傳遞到內耳，經由內耳環能作用將聲波的機械能，轉變為聽覺神經上的神經衝動，再傳送到大腦皮層聽覺中樞而產生的主觀感覺。聲波乃四周空氣壓力有節奏的變化而產生，當物件在震動時，四周空氣也會被影響。當物件越靠近，空氣的粒子會被壓縮；當物件越遠，空氣的粒子會被拉開。聽覺對於動物具有重要意義，如動物會利用聽覺逃避敵害，捕獲食物，而人類的語言和音樂，一定程度上則是以聽覺為基礎。

（2）可接收聽覺

當聲波的頻率和強度達到特定範圍值，能引起動物的聽覺。人類耳朵能感受到的振動頻率範圍約為二〇至二〇〇〇〇赫茲。

3　嗅覺

（1）定義嗅覺

則是一種由感官感受到的知覺，藉由嗅神經系統和鼻三叉神經系統，兩種感覺系統參與而產生。嗅覺和味覺會整合和互相作用，嗅覺是一種「遠感」——通過長距離感受化學刺激的感覺；味覺是一種「近感」——感知能力上遠比味覺複雜，人類可辨識約一萬種以上的不同氣味，此乃七種最基本的味道感知分子所產生。

（2）敏銳嗅覺

乃某些動物的主要感覺之一，許多生物雖然沒有極佳視力，卻擁有相當敏銳的嗅覺。

4　味覺

（1）定義味覺

則是受到直接化學刺激而產生的感覺，由五種味道——甜、鹹、苦、酸和鮮肥組成。味覺，指能感受物質味道的能力，包括食物、某些礦物質以及有毒物質的味道，與同屬於化學誘發感覺的嗅覺相比是一種近覺（接近身體才能感知得到）。大動物其口腔中都有味覺感受器，然而相對於低等動物而言，在其他部位可能會存在著額外的味覺感受器，例如魚類的觸鬚及昆蟲足末端的跗節和觸角。與其他多數脊椎動物相同，人類對於味道的實際感受，還受到不太直接的化學刺激感受器——嗅覺的深度影響，我們所聞到的味道在大腦中和味覺細胞得到的刺激，組合成我們認為的味道，當嗅覺缺損時，感受到的味道會跟著變動。

（2）味覺發現

西方傳統認為味覺有四種基本味道組成：甜、鹹、酸、苦。近日日本專家則識別出第五種味道——鮮味。近期心理物理學和神經學建議，人類的味道應該還包括其他元素。鮮味乃人類最能感覺到的脂肪酸，以及金屬和水的味道。味覺是中樞神經系統所接受的一種感覺，人類的味覺感受細胞存在於舌頭表面、軟齶、咽喉和會厭等上皮組織中。

5　觸覺

指皮膚受到觸或壓等機械刺激時所引起的感覺。觸點和壓點在皮膚表面的分布密度，與大腦皮層對應的感受區域面積，會與該部位對觸覺的敏感程度呈正相關，而人類的觸覺感受器在鼻、口唇和指尖分布密度最高。

（二）五感引導

青春期的孩子尚不大能將情緒感悟作完整表達，特別是文言文的學習，難以從古人的文字敘述中，連結到生活，甚至是與自己生活相差甚遠的植物人，因而筆者從五感學習引導學生。

1　學生兩極化的學習起點

筆者於中學任教二十多年，早在九年一貫前版本尚未開放的國立編譯館時代，《論語》即是非常重要的文化價值資產課程。以往教授《論語》一課時，老師們大多採以介紹儒家學說、孔子人格、孔子及其與學生的應答，及《論語》一書的成形，國中學生在課堂上接受此單元的反應通常是兩極：或有認為是古人的東西，而嗤之以鼻者；抑或有因兒時念過讀經班，較早認識孔子，而推崇至極者。然而，文言文對十三歲孩子而言仍有時代距離，對文字的理解也就因人而異。因此如能結合深刻體驗活動的進行，並由五種感覺接收器理解範文，則是筆者所欲嘗試的授課方式。

2 教師五官五感引導

研究對象為筆者導師班學生，相處時間大約三個多月，彼此也有一定的熟稔程度與情感基礎。該班平均屬於靜態型學生，有兩名抽離式資源班學生，同學相處融洽，也逐漸了解彼此個性與不可踩踏的安全界線。

訓練，乃人們為了改變自身的能力而進行有目的的活動與實踐；教育，乃對人施加影響，通過一定的訓練，使人成為合乎一定目標的人。十七世紀捷克新教育學家康門紐斯（J.A. Comenius, 1592-1670）曾在他著名的教學理論著作《大教學論》中提到：「師傅不應使用理論去阻撓他們的徒弟，他們及早要徒弟們做實際工作。例如，要徒弟們從鍛鍊去學鍛鍊，從雕刻去學雕刻，從畫圖去學畫圖，從跳舞去學跳舞。所以，在學校裡，要讓學生從書寫去學書寫，從談話去學談話，從唱歌去學唱歌，從推理去推理。」[1]學生要獲得每項能力，必須在情境中習得，而語文能力則必須要透過適當的訓練，在身體力行的實踐與感受中，能力才能逐漸養成，學生在一定的訓練之下，反覆力行，最終習得能力而能達到「不需要教」[2]的狀態。

透過筆者在課堂上解說《論語》與孔子之後，對於其中〈述而〉：「子曰：『三人行，必有我師焉。擇其善者而從之，其不善者而改之。」為了使學生更能深度理解，筆者設計了一次的植物人安養機構實際體驗課程，並以五種感官作為分項觀察[3]，讓學生能夠在五種

---

1 康門紐斯（J.A. Comenius）：《大教學論》（北京：人民教育出版社，1979年），頁170。

2 葉聖淘曾言：「教師當然須教，而尤其要致力於導。導者，多方設法，使學生能夠逐漸自求得知，卒底不待教師教授之謂也。（參氏撰：《葉聖陶語文教育論集》〔北京：教育科學出版社，1980年〕，頁718-719。）

3 「學生反思單」，詳見附件一。

感官中觀察，並了解自己得以運用感覺，且能傳遞情感是多麼便捷。

學生做完觀察後必須要完成一篇五百字以內的文章[4]，藉由上述觀察形成文章各段骨架，學生再依據自己的觀察鋪陳文字，連綴成一篇文章。此讓學生不僅「感知」，還要真切紀錄與運用文字傳遞「情感」。

3 植物人安養院成行

筆者原先安排於一〇六學年上學期，十月十八日學生第一次段考後進行植物人安養院參訪活動，於行前與學校行政、植物人安養機構教育推廣負責人陳懿萱小姐、學生家長多方進行討論與溝通，學生的反應是：「很期待」、「只聽過機構」、「只知道機構在學校附近卻從沒進門了解過」。沒想到因為全臺灣流感疫情大爆發，安養院臨行前三天通知「取消所有機關團體參訪」活動，筆者將消息轉達學生時，大部分學生有些失望，但在筆者向學生再三輔導：「流感爆發，我們也有責任保護自己與抵抗力弱的植物人。好事本多磨，等到流感疫情退燒，我們再好好了解機構也不遲。在這期間，老師希望大家能好好從網站上查詢資料，做足行前功課。」

十一月，筆者不斷致電詢問機構何時再度開放，終於流感疫情退燒，教育推廣負責人陳懿萱小姐通知筆者可以帶學生參訪，學生們也開心地與同組成員們再次確認任務。於十二月四日出發前，仍有一些來自周遭提醒帶隊前往的筆者，此行安全或需要留意之事項：

一、學校：「你們從學校走到機構要花多久時間？」「妳有沒有隨行的同仁夥伴一起幫忙照顧學生？」「妳安排計畫的交通路線，安全嗎？」

4 「學生寫作單」，詳見附件二。

二、機構：「請老師提醒學生若有感冒或發燒症狀，一定不能進入機構。」「機構裡的患者亟需要安靜休養，請老師提醒學生不可大聲喧嘩。」

三、家長：「請教老師，機構的病人傳染病多，萬一我的孩子也染病該怎麼辦？」

四、學生：「老師，我們需不需要帶零食路上吃？」「我們可不可以帶著自己的花色背包？穿著花色外套？不穿校服而改穿便服？」「同組夥伴可以和我一起完成任務嗎？」

圖1　行經曹公圳人行步道公園

圖2　行經捷運站地下道以避開車流量與十字路口

林林種種的關心提醒與各式疑惑接踵而來，此也告訴筆者：大家從不同的角度思考課程活動——這，即是筆者希望達到的教育目標。我們太習慣走同樣的路，我們太習慣熟悉安全的思考模式，我們太習慣就我們自認為的全貌去理解一件事。而此次能夠全員動起來思考課程的緊密度，則是筆者十分樂見的非預期效果。我們當然有隨行的夥伴教師，一前一後看顧學生隊伍（圖1）；我們也有規劃避開人車的十五分鐘行經公園、捷運站地下人行道的路線（圖2）；也在出發前一天提醒學生若感冒發燒只能留在學校；而學生家長的擔心是一定有的，因為他們自己也沒進入機構大門內的經驗；學生的發想與發問，也來自於他們太少有「校外參訪」的經驗，以為出了校門就是「旅遊」。

十二月四日當天上午天氣晴朗，我們一行人著班服、班帽，女同學們甚至佩戴紅色聖誕節裝飾，似乎有意將自己扮演成小天使，一同到鳳山區創世基金會傳報冬日裡的溫暖佳音。

二　以「人」觀察「人」

十九世紀瑞士著名的教育家語教育改革家裴斯泰洛齊（Johan Heinrich Pestalozzi, 1746-1827）曾將畢生理念歸結為「教育要心理學化」[5]。所謂心理，乃指人腦對客觀現實的真實反應，教學即是要調動學生的大腦，積極參與，認真活動，處於學習正常的興奮狀態，發揮心理功能。倘若學生的心理（大腦功能）無法參與教學，也無法接受教育、教學所給予的訊息，把教師的講授當作「耳邊風」、「鴻鵠將至，思援弓繳而射之」、「成為課堂的過客」，如此的教室風景必不能達到原先預期的教學成效。

教育的最終目的不正是「使人成為人」？當我們養足能力，能夠將我們的畢生絕活貢獻於社會，身為人的本質與價值則以藉由工作彰顯得宜。筆者希冀學生由他們功能齊全正常的五官，好好地、慢慢地、仔細地由任務的施展中，觀察與自己平日不同生活的世界，藉由付出善心、細膩觀察，進而改變自己對世界的觀看角度。

（一）簡報

鳳山創世基金會陳懿萱小姐為我們介紹機構與植物人照護（圖3），機構位於大樓裡二至四樓，整個空間依照植物人屬性及性別做分層，還有廚房準備植物人的食物，偌大可以推進病床為植物人洗滌的

5　裴斯泰洛齊教育思想中極為著名之處即是著重「情感教育、愛的教育」。他強調教育者首先必須具有一顆慈愛之心，以慈愛贏得學生們的愛和信賴。因此，教師要精心照顧好學生，留心學生的需要，對學生的進步和成長報以慈愛的微笑。教師要用親切的話語、情感、面部表情及眼神打動學生。當愛和信賴在學生心中扎下根以後，教師要想方設法地激勵它、增強它，使之不斷升華。裴斯泰洛齊當然也強調教師的權威性，但這種權威性不是來自對學生的懲罰、告誡、命令和指示，不是來自凌駕於學生之上的特權，而是來自教師對學生強烈的愛和責任感。

淋浴設備，事實上沒有太多空間容納我們近三十位訪客，於是我們自行搬運折疊椅，在作為植物人箱裝尿布的倉庫空間，聽取懿萱小姐為我們介紹機構創始原委，及鳳山安養院區收容植物人類型與現行狀態。

懿萱小姐告訴學生，創世基金會創辦人為曹慶先生，原為臺糖退休小職員，靠著微薄的退休金，被視為非常有愛心的「瘋子」，一路篳路藍縷成立基金會。根據創世基金會安養植物人的經驗，發現肇因於車禍意外的植物人當中，以騎機車未帶安全帽佔最多數。因此，基金會近年來呼籲民眾駕車或乘車都應注意頭部安全，多年來更推動保護腦部的宣導工作，並製作「愛因斯坦的頭腦也禁不起一擊」等保腦小語，近年來更深入各級學校進行宣導，遏阻學生飆車風氣，推動生命教育工作。全臺創世基金會前前後後安養了超過一千六百多位植物人，幫助上千個傷心無助的家庭。懿萱小姐更說明，在「安樂死」沒有合法化前，創世仍堅持給這些植物人最妥善的「安養」，不能因為他們沒有知覺，而放棄他們應該享有人的基本權利[6]。

之後懿萱小姐為學生介紹鳳山安養中心，幾位狀況較好或值得學生借鏡的植物人故事：或因半夜飆車車禍、或因工作不慎損及頭部，原先是快樂的歌手或青春洋溢的青少年，卻在一夕之間成為植物人。希望學生能從這些植物人的故事提醒自已「不可飆車」、「保護頭部」，體會自己「生命的美好」。懿萱小姐請學生將雙手放在頭部，而雙手下頭蓋骨損傷是大部分植物人的狀況。她更向學生說明（圖3）：

---

6 每一個植物人背後都有一段辛酸的故事，一個辛苦的家庭，過去世界各國許多醫學文獻，討論植物人是否有終止治療或餵食的必要，帶來人權與資源的爭議。創世基金會站在「維護人道，尊重生命」的立場，考量家屬的情感、法律的問題、社會的道德感、醫療的難處、國人的宗教觀，進行植物人安養計畫，秉持「安養一個植物人，救一個辛苦家庭」的關懷心態，當諸多爭議圍繞在植物人身上，家屬遭遇莫大情感、經濟壓力之時，為植物人開闢一個專屬的天地。財團法人創世社會福利基金會官網：http://www.genesis.org.tw/enter.php（2018年2月9日檢索）

植物人是一種狀態（persistent vegetative state），不是一種疾病的名稱。植物人並非沒有感覺，只是失去了像正常人一樣的表達情感能力，[7]在機構中曾有植物人在家屬溫暖愛的陪伴下，恢復到簡單表達情緒的能力，就算只是簡單一兩個字的表達，也已經是個把月努力之下的顯著提升。因為植物人長期臥床，也沒有能力表達如廁的意願，因此大量免洗尿布使用是必然的現象，因此在我們聽取簡報的空間，被一箱箱的尿布與衛生紙包圍著。而植物人最靈敏的感覺即是聽覺，因此在病房區電視、收音機、音響的聲音不會被關閉，而音量適中地將世界新知與美妙樂音傳遞到植物人耳裡，更希望他們日漸進步到對聲音能有反應，因此我們的分組任務裡安排同學向植物人念故事書，以喚起植物人的反應。

學生表情凝重地聽取完基金會簡報說明後，破除原先他們認知裡的植物人，更興起了他們服務的熱忱。待學生排隊依序量完耳溫，畫

7 植物人的定義美國神經病學協會（ANA, American Neurological Association, 1993）給予植物人嚴謹判定基準：一、沒有任何證據可以看出病人對其自身或環境有知覺（反射動作或自發睜眼，可能存在）。二、檢查者與病人之間任何形式的溝通交談都不可能發生（眼球跟隨動作也許可以，但常不是有目的的注視）。病人對言語不會有情緒反應。三、病人無法發出有意義的文句。四、偶而可見的微笑，皺眉及哭泣動作，但不見得與外界刺激一致。五、可以有「睡眠—覺醒」的週期。六、腦幹與脊髓反射並不一定。吸吮、噘唇、咀嚼及吞嚥等原始反射可能保留。瞳孔光照反射，抓握反射與肌腱反射也可以存在。七、只要是自主隨意的動作，不論再怎麼原始，都算是認知的徵兆，便不可以診斷為植物人。也不應有被視為學習或模仿的行為動作。給予痛苦或不適的刺激，也許可以看到原始的動作（收縮或姿位反射）。八、血壓控制、心肺功能常是完整的，膀胱失禁則會存在。世界上沒有一種儀器或檢查方法，可以斬釘截鐵的診斷病人是否為植物人，唯一的方法是依賴醫師的專業判斷，仔細地臨床觀察，至於觀察多久，並沒有定論，美國學者認為一至三個月，而英國醫界則建議十二個月以上。而且致病的原因與病人的年齡也要考慮；一般而言，頭部外傷與年齡小的病人，好轉可能較高，需要更長時間的觀察。參考《醫學繼續教育》1994年第4卷第2期。

押簽名，消毒雙手，帶妥口罩，由懿萱小姐及志工們帶領進入基金會病床區簡易參觀環境（圖5），隨即開始進行分組任務服務。

圖3　學生專心聽取簡報，表情凝重。後方為裝箱尿布

圖4　學生排隊消毒雙手並配戴口罩

圖5　學生安靜魚貫地進入病房區參觀

（二）任務

前往基金會參訪的國中七年級班級共二十六名學生，每組四至五人，一共分為六組，在植物人安養中心進行的任務有三：掃除、搬運、說故事，每一項任務由兩組學生在組長安排與帶領下同時進行（圖6）[8]。

1　掃除

由八位學生，在基金會志工指揮下，分別進行需要消毒整理的病床區。學生們或者拿著掃把、拖把、抹布，在沒有安置植物人的病床區，或掃地或拖地，或者擦拭櫃子與床欄，以他們可以勝任的任務與能力，實際參與社會服務他人，減輕基金會人力不足的困境。

8　由於不得違反肖像人權，植物人頭像不得散布，是故筆者以拼貼方式處理學生分組任務照片。

2 搬運

由身強體壯的男同學八位擔任搬運的工作，或者是民眾為協助基金會每週跳蚤市場捐贈的二手物品，或者成箱的尿布、衛生紙等物資，男同學們有的協力，有的則樓上樓下徒步進行搬運（圖6　左一）。只見他們滿身汗水淋漓，在筆者巡視的過程中，還聽見學生們彼此進行如何省時省力搬運物資的討論對話，這一組學生共同目標，即是以他們的年輕氣力協助年紀稍長的基金會志工完成搬運。

3 說故事

由十位口齒較伶俐清晰的學生擔任，一組有五位學生，其中一人紀錄植物人聆聽反應（手、足、臉部表情），另四位同學則齊生朗讀基金會事先準備的《蒲公英》月刊，或是該床植物人平時喜歡的小故事。病床區十分寧靜，有些較有反應平時喜愛熱鬧氛圍的植物人，一見到學生立刻豎起大拇指（圖6　左三）；甚至有植物人聆聽學生朗讀故事後，發出格格爽朗的笑聲，學生們打從心底地被逗得歡喜，由衷的產生成就感，一掃方才聽取簡報時的凝重（圖6右二）。

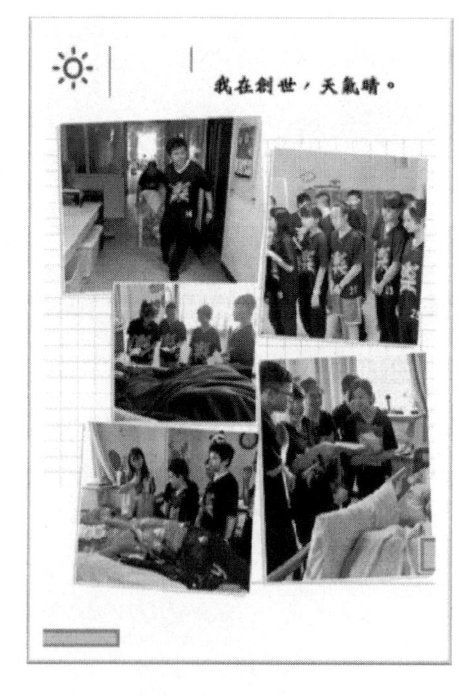

圖6　學生分組任務：打掃、搬運、說故事

（三）反思

結束任務返校後，學生則必須完成任務反思單（圖7、8、9、10），將未完整的句子或五感觀察完成。扣除兩位學習障礙僅以部分口頭詢問表達資源生的反思單，共有二十四份學生反思單，將有意義且有效的學生反思單回饋整理如下：

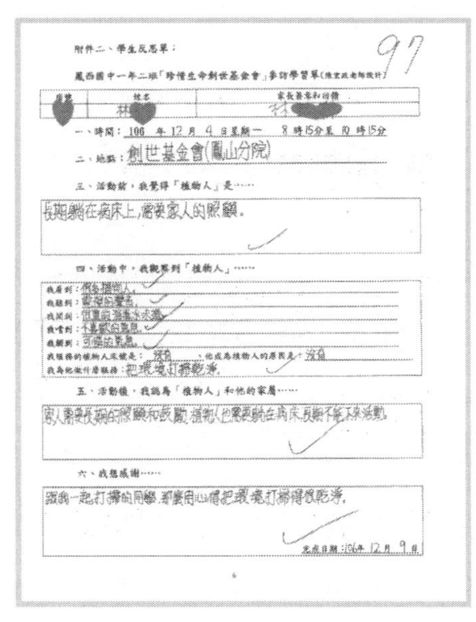
附件二、學生反思單：

鳳西國中一年二班「珍惜生命創世基金會」參訪學習單

一、時間：106年12月4日星期一 8時15分至10時15分

二、地點：創世基金會(鳳山分院)

三、活動前，我覺得「植物人」是……

長期躺在病床上，需要家人的照顧。

四、活動中，我觀察到「植物人」……

我為他做什麼服務：把環境打掃乾淨。

五、活動後，我認為「植物人」和他的家屬……

六、我想感謝……

跟我一起打掃的同學，都很用心得把環境打掃得很乾淨。

完成日期：106年12月9日

圖7　2號男學生反思單

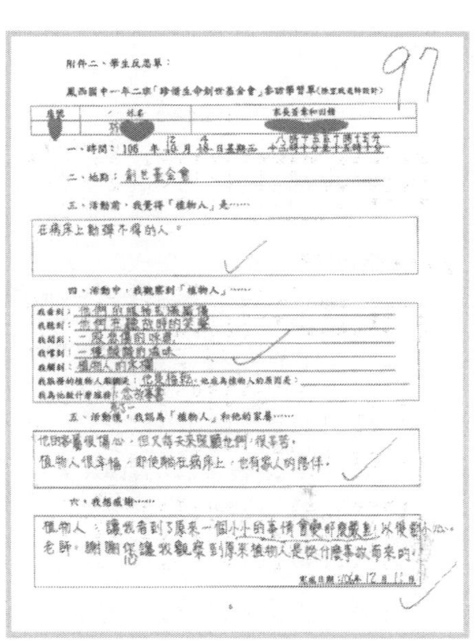
附件二、學生反思單：

鳳西國中一年二班「珍惜生命創世基金會」參訪學習單

一、時間：106年

二、地點：創世基金會

三、活動前，我覺得「植物人」是……

在病床上動彈不得的人。

四、活動中，我觀察到「植物人」……

五、活動後，我認為「植物人」和他的家屬……

他的家屬很傷心，但又每天來照顧他們，很辛苦，

植物人很幸福，即使躺在病床上，也有家人的陪伴。

六、我想感謝……

老師，謝謝你讓我觀察到原來植物人是從什麼事故而來的。

圖8　3號男學生反思單

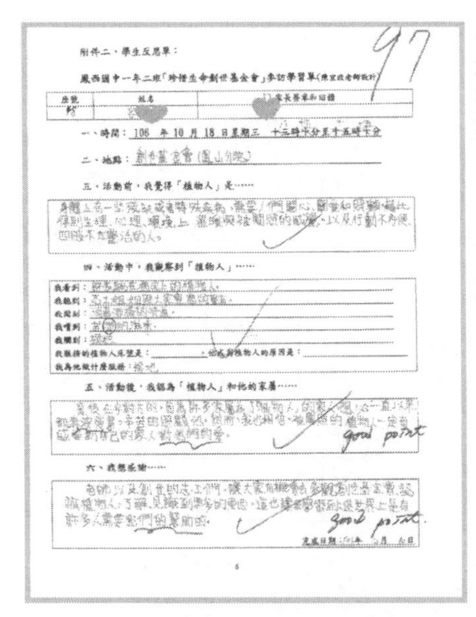
附件二、學生反思單：

鳳西國中一年二班「珍惜生命創世基金會」參訪學習單(陳宜政老師設計)

座號	姓名	家長簽章和回饋
18		

一、時間：106 年 10 月 18 日星期三

二、地點：

三、活動前，我覺得「植物人」是……

四、活動中，我觀察到「植物人」……

我看到：

我聽到：

我聞到：

我嚐到：

我觸到：

我服務的植物人床號是：＿＿＿＿，他成為植物人的原因是：＿＿＿＿

我為他做什麼服務：

五、活動後，我認為「植物人」和他的家屬……

good point

六、我想感謝……

good point

完成日期：

圖9　18號女學生反思單

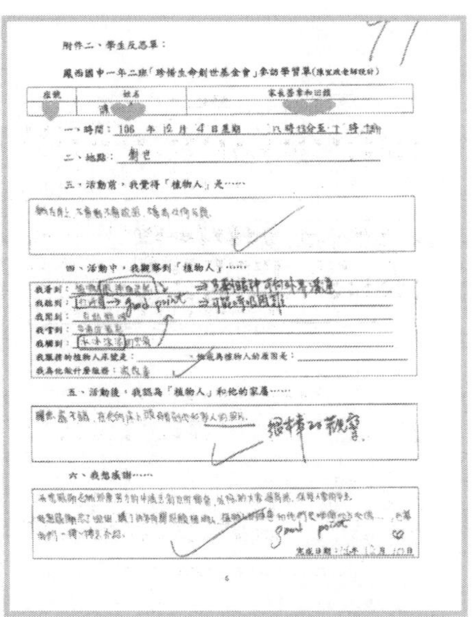
附件二、學生反思單：

鳳西國中一年二班「珍惜生命創世基金會」參訪學習單(陳宜政老師設計)

座號	姓名	家長簽章和回饋

一、時間：106 年 10 月 4 日星期

二、地點：創世

三、活動前，我覺得「植物人」是……

四、活動中，我觀察到「植物人」……

我看到：

我聽到：　→ good point

我聞到：

我嚐到：

我觸到：

我服務的植物人床號是：＿＿＿＿，他成為植物人的原因是：＿＿＿＿

我為他做什麼服務：

五、活動後，我認為「植物人」和他的家屬……

六、我想感謝……

good point

完成日期：

圖10　25號女學生反思單

1　活動前，我覺得「植物人」是……

學生必須在尚未進入安養機構前，寫下對「植物人」的想法，他們有些來自於電視廣告的認識，有些則來自於家人的介紹。僅將七年級學生對於植物人的想像陳列如下：

一、描述動作樣貌：

（一）只會閉著眼睛靜靜地躺著。

（二）在病床上動彈不得的人。

（三）久臥在床。

（四）行動不方便，四肢不太靈活。

（五）整天睡覺不會起床。

二、描述神情：

（一）不會做任何反應。

（二）呆呆的。

三、描述年齡：

（一）一直在床上的老人。

四、描述能力：

（一）需要家人、護士照顧。

（二）像植物一樣只能在原地。

（三）不會動。

（四）不能動但還保有生命。

（五）躺在床上什麼事都沒辦法做的病人。

（六）只要醒來什麼病都好了。

（七）不會講話。

（八）不會做任何手勢。

五、描述情緒：

（一）很可憐。

（二）除了家人來探望，其餘時間很孤單。

（三）身體上有一些殘缺或特殊疾病，需要人們關心關愛和照顧，藉此得到生理、心理、環境上溫暖與被關照的感覺。

六、描述遭受：

（一）因事故而無法行動。

七、疑惑發問：

（一）因為不熟悉，有許多疑問：他們有感覺嗎？他們是否有情緒，只是不能做出反應？

學生在尚未進入創世基金會之前，對植物人的認知大多從神情樣貌上作描述，「整天躺在床上」、「需要他人協助」、「一直睡」；在行為能力上，則認為植物人「什麼都不能做」、「不會講話」、「不會做任何手勢」；在神情上，則是「呆呆的」、「像老人」、「像植物」等。少部分同學從情緒上做描述，像是「十分可憐」、「很孤單」、「需要關愛與溫暖」等。甚有學生提出疑惑：「他們有感覺嗎？他們是否有情緒，只是不能做出反應？」藉此以分析學生在尚未進入機構前，或多或少對植物人有「既定的」、「自己以為是」的錯誤認知。

2 活動中，我觀察到的「植物人」……

在活動的當下，學生必須從五種感覺器官作觀察與紀錄。茲將學生五感描述整理如下：

一、我看到：

（一）描述樣貌：

1、他們有時睜開眼。

2、他們有些因為意外，失去頭蓋骨。

3、他們大多是開眼休息，而為何只有少部分能開眼呢？

（二）描述動作：

1、他們（處理）生活（需要）的困難（不方便）。

2、他們都不能動。

3、不能自主活動。

4、向我們揮手。

5、有些在看電視，有些在睡覺。

6、有些可以有動作，他們對聲音也有反應。

（三）描述情緒：

1、他們的眼神充滿感傷。

2、他們的眼神茫然。

（四）其他

1、很多病床，還有堆積如山的箱子。

2、全部的（醫護和）社工人員忙進忙出。

二、我聽到：

（一）對植物人的描述：

1、他們聽故事時發出的笑聲。

2、植物人打呼聲。

3、護士阿姨幫他們清痰的聲音。

（二）對安養機構的描述：

1、（播放）電視機的聲音。

2、機器運作聲。

（三）其他：

1、寧靜的聲音。

2、工作人員講話聲。

3、負責人（懿萱）姊姊宣導聲音。

因為「植物人」較少發出聲音，因此學生對聽覺的觀察紀錄，大多來自植物人外圍的人事物，學生描述「植物人」發出的聲音，僅有「打呼聲」、「笑聲」、「清痰聲」。

三、我聞到：

（一）描述環境：

1、燉雞湯中藥的味道。

2、很重的消毒水味道。

3、藥味、食物香味。

4、很香的奶粉味。

5、像是醫院的味道。

6、消毒酒精的味道。

7、工作人員準備午餐的味道。

（二）描述情緒：

1、一股悲傷的味道。

2、傷心的味道。

3、悲傷的氣息。

（三）其他：

社工人員忙碌的味道。

大部分的學生都了解機構屬於安養院，因此嗅覺的觀察描述，多半從「醫院」、「消毒水」、「酒精」、「奶粉味」、「午餐」等物理世界會出現的味道；有少部分同學則從「負面」情緒表達味覺，大多提到「悲傷」；甚有學生提到「社工人員忙碌的味道」，認為所有物理味道加起來的總合即是「忙碌」。

四、我嚐到：

希望學生從味覺來描述在安養中心的觀察。由於味覺在此次參訪的目標環境較難以從物理世界觀察得宜，且味覺有時是和嗅覺加起來的總合，對七年級學生而言也較難從心理描述，學生在此項敘述則略顯薄弱。亦有少數同學大膽嘗試，茲將描述整理如下：

（一）描述環境：

1、一種酸酸的滋味。

2、冰冷的水。

3、冰冰涼涼的空氣。

（二）描述情緒：

1、不喜歡的氣息。

2、人生中的酸甜苦辣。

3、悲傷的滋味。

4、不愉快的氣氛。

5、苦澀的滋味。

6、快樂的滋味。（讀故事給植物人聽時，植物人的反應，與自己服務完成的感覺）

（三）其他：

1、社工人員辛苦的滋味。

2、我想到植物人用鼻胃管進食，每種食物都必須打成汁，想必不舒服。

生活中我們真正嚐得到的味覺，最多也是酸、甜、甘、苦、辣、鹹，用來描述味覺的形容詞也不太多，對尚未閱讀過大量文學作品的七年級學生而言，僅能從物理現象作味覺描述，然而我們到訪服務的安養院，事實上是不太可能讓學生們感受太多的味覺。因此，在環境方面，學生描述的味覺是「酸酸」、「冰冷」、「冰涼」，但筆者也對學生的描述作了詢問與思考，「酸酸」，是指安養機構裡各種食物與廚房傳出來交疊在一塊兒的氣息；「冰冷」，是指冷氣的吹拂下，皮膚與口腔的感受溫度；「冰涼」，則是指學生工作任務執行完畢時，因口渴，大口飲水感覺滋味。對於情緒描述，則多是描述「自己」到了植物人療養院，想像植物人的感受，諸如「不喜歡」、「人生中的酸甜苦辣」、「悲傷」、「不愉快」、「苦澀」，大多為負面形容詞。其中有學生提到「快樂」，經詢問下，意指唸故事任務當下，植物人的快樂感受，與自己念完故事時的快樂滋味。

五、我觸到：

希望學生從觸覺上對植物人安養中心的觀察。學生擔任搬運、掃除、說故事的任務，當然基於安全及專業考量，學生不可能直接為植物人餵食或擦拭身體，然而在這少於一公尺的近距離交流，可說是學生們首次面對植物人。茲將學生們對於觸覺的觀察作整理：

（一）作環境描述：

1、冰冷的床欄。

2、拖把的重量。

3、破舊的掃把。

4、冷冰冰的病床。

5、裝滿尿布的箱子。

6、為他們唸故事服務時故事書的溫度。

7、冰冰涼涼的空氣。

（二）作情緒描述：

1、可憐的氣息。

（三）其他：

1、植物人對我而言，凡事都卡卡的。

基於專業考量的「安全距離」，七年級學生能夠擔任的任務還是有限，因此學生對於物理環境的觸覺描述還是較多，如「冰冷的床欄」、「拖把」、「掃把」、「故事書」、「空氣」；能把觸覺轉換成情緒描述，僅有「可憐」一詞；另有學生提到，「凡事卡卡的」，幾經詢問下瞭解，該生想像植物人凡事都無法行動自如，對她而言這樣的感覺就是「卡卡的」。

3　活動後，我認為「植物人」和他的家屬……

一、從植物人考量：

（一）植物人長期躺在病床上，無法下床活動，需要家屬的照顧與鼓勵。

（二）植物人過去有可能是飆車族，讓他們的家屬失望。

（三）植物人有些（是因為工作意外）很可憐，有些（是因為貪玩飆車）才造成的。

（四）植物人和家屬關係應該很密切。

（五）植物人一定都有他的苦衷，他的家屬長期在他們的身邊打氣。

（六）許多植物人看起來很可憐，但也有一些能成功（的進步），那是因為在他們背後有辛苦支持他們的家屬。

（七）他們應該和家屬關係不錯，許多植物人牆上都掛著他和家屬的照片。

（八）植物人和家屬之間還是有濃厚的感情存在。就如懿萱姊姊說的，有些植物人的IQ不會因為成為植物人而下降，對我而言最不可思議的是，植物人的身體活動能力原來是可以藉由訓練而恢復的，但如果一直不去訓練（肌肉和關節），（久而久之身體活動能力就會下降，）長時間下來，會造成家屬更大的負擔。

二、從家屬考量：

（一）家屬看著他們自己的親友長期臥床，需要被照顧，很辛苦，因此家屬其實也需要協助。

（二）很可憐，一方面不希望植物人成為家屬的負擔，另一方面家屬也希望植物人能進步變好。

（三）家屬很辛苦但也非常用心，家屬一定希望植物人能早日好起來，雖然這是遙不可及的夢想，但家屬仍天天努力照顧植物人。

（四）植物人的家屬應該是生活在烏雲籠罩下的。

（五）許多家庭為了照顧植物人，不惜花費大筆金錢，勞心勞力，這也讓許多經濟弱勢者更無法擺脫貧窮的困境。

三、從植物人與家屬考量：

（一）很可憐，如果病床上這位植物人是家裡的經濟支柱，那麼這個家庭就會落入三餐不繼、窮困潦倒的窘狀了。

（二）他的家屬應該很傷心，但每天又得來中心照顧他們，十分辛苦；植物人有家屬的陪伴，很幸福。

（三）我認為植物人非常堅強，他們靠著自己的意志力努力復原；家屬也很堅強，在平時工作壓力之下，還得撥空照顧植物人。

（四）家屬需要長久的耐心照顧植物人，植物人也要有堅強的心。

（五）植物人的家屬一直默默在他們身邊支持著，而植物人也努力康復著。

（六）植物人和家屬應該是很在乎對方的。因為許多家屬因為家裡有植物人，應該經常是奔波勞苦。然而我相信，植物人應該也能感受到家人對他們的愛。

（七）植物人的家屬真的很辛苦，應該希望病床上的植物人能趕快好起來，回到認真打拚的模樣；植物人無法像正常人一樣行動自如，但在心中一定也希望自己能快康復，不再讓家屬擔心。

（八）我認為（成為）植物人是一個讓人覺得可憐的事，因為一個原本行動自如的人，變成整天躺在床上，行動受限；而植物人家屬接到這樣的噩耗，一定也一時無法接受。

學生有些從「植物人」的角度思考，如「植物人過去有可能是飆車族，讓他們的家屬失望」、「植物人一定都有他的苦衷」、「植物人有些（是因為工作意外）很可憐，有些（是因為貪玩飆車）才造成的」、「植物人的身體活動能力原來是可以藉由訓練而恢復的」；有些從「家屬」角度思考，如「家屬其實也需要協助」、「雖然這是遙不可及的夢想，但家屬仍天天努力照顧植物人」、「應該是生活在烏雲籠罩下」、「許多經濟弱勢者更無法擺脫貧窮的困境」；也有些從「家屬」、「植物人」兩方面思考，如「如果病床上這位植物人是家裡的經濟支柱，那麼這個家庭就會落入三餐不繼、窮困潦倒的窘狀了」、「家屬需要長久的耐心照顧植物人，植物人也要有堅強的心」、「植物人應該也能感受到家人對他們的愛」。學生的作答反應細膩，超乎原先筆者預期的結果，有學生已經能思索考量社會現實面或是長時間照料的苦悶與辛勞，而非僅就創世參訪當天眼前所見作觀察。

4 我想感謝……

希望學生就此活動提出自己內心的真誠感謝。由於多數同學幾乎各方面都能提及，此處難以就內容作類別歸類，僅臚列並分析如下：

一、老師，因為她讓我知道世上並不是每個人都過得很好，而是陷入一些困境。

二、植物人，因為他讓我知道原來一個小小的事情也會變成那麼嚴重，以後要非常小心；老師，謝謝您讓我知道植物人是因為什麼事故產生的。

三、和我一起打掃的同學，那麼用心地把環境打掃得很乾淨。

四、老師帶我們前往創世了解植物人；創世工作人員為我們解說植物人。

五、我很感謝創世基金會讓我們體會幫助植物人的感覺。

六、第一個要感謝我的父母，他們無微不至的照顧我，讓我不至於必成植物人：再來是老師，她讓我們了解植物人，也不虛此行：最後是植物人們，他們讓我深深了解生命是很可貴的。

七、我想感謝我的父母，他們把我生得很完美，身體的每個部位都沒殘缺，讓我能夠健健康康的長大；也想感謝創世基金會的人員，因為有她的解說，讓我更了解植物人。

八、和我一起合作的同學、老師、大姊姊。

九、和我一起念故事的同學，那麼用心的念故事給植物人聽。

十、創世的志工和老師，告訴我們如何幫助植物人？更讓我們了解（是什麼原因造成）植物人。

十一、感謝創世基金會讓我們可以過去幫忙。（該同學為資源生）

十二、我想感謝老師帶我們去創世。

十三、創世基金會鳳山分院的負責人，讓我們參觀及幫助植物人。

十四、創世的志工。

十五、我想感謝老師，帶我們到創世參觀、了解，讓我學到很多。

十六、老師及創世的志工、工作人員們，讓大家有機會去參觀創世基金會，認識植物人，了解及見識很多東西。這也讓我學習到：這世界上有許多人是需要我們幫助。

十七、我想感謝老師和創世的服務姊姊。因為在創世聽了服務姊姊的介紹，讓我更了解植物人的習性；再來是老師，她身上背負著很大的責任，謝謝老師帶我們參觀創世，讓我們更加了解植物人。老師辛苦了！

十八、我想感謝老師，讓我了解許多植物人。

十九、創世基金會秉持著「救一個植物人，就是救一個家庭」的理念，提供、教導照顧技巧，營養評估及飲食衛教，協助更多需要幫助的家庭。

二十、老師，帶我們參觀植物人安養中心，讓我多上了一課；還要感謝我的父母，把我生下來，謝謝您！

廿一、我想感謝老師，因為有老師的積極爭取，我們才有機會認識植物人。

廿二、我想感謝老師那麼努力地申請到創世（參觀）的機會，並協助大家過馬路，保護大家的安全；我還想感謝服務的姊姊，一樓一樓帶大家參觀介紹，講了那麼多照顧植物人的方法、植物人的故事、植物人受傷的部位等等，讓大家了解。

廿三、活動結束後，除了感謝辛苦的社工人員為我們講解外，更要感謝幕後的最大推手——老師，因為如果沒有老師的精心規劃，我們根本不會知道植物人的相關事物，也不會知道社工人員是多麼的辛苦。

廿四、我想感謝爸媽，因為他們駕駛車子技巧的熟練，讓我不用因為車禍而成為植物人；更感謝爸媽（無微不至的照顧和）保護。

廿五、我要感謝創世基金會在這棟大樓裡，要是沒有創世基金會，許多植物人的家屬應該不知道怎麼辦好；還有創世的志工、工作人員，我看了一下牆上的人員表單，原來工作人員不多，還得照顧鳳山院區多達七十位的植物人。

學生們有些感謝父母，有些感謝老師，有些感謝社工人員，還有些感謝植物人，他們在這次的參訪觀察中，藉由感覺接收器得到與自己迥然差異環境的經驗，經過反思，體會出感謝身旁為他們付出用心的人事物。其中最讓筆者感動的是，班上兩位讀寫障礙的資源生，其中一位無法完成反思單而改以口述感謝，但其中尚有一位資源生，以其歪曲分離的字跡，與不合乎文法的文句，完成此欄感謝文字（圖11）。在此也鼓舞了筆者：「用心，即能撼動一切！」那怕只是學生小小的進步，也是教師們努力教學的最大動力，何況此活動將學生原先已存在的良知良能喚醒，除非鐵石心腸，眼前的一切，不可能不會受到震撼！

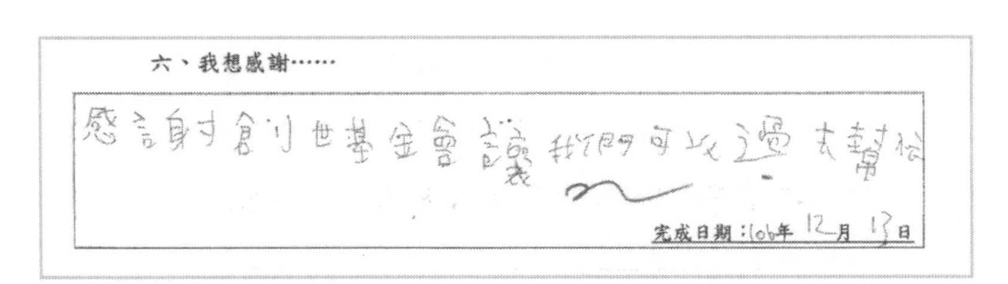

圖11　資源生反思單上的感謝字跡

三　五「感」反饋回應有「感」

教師的教學要能與學生作心理溝通，此即是教育的起點，更是教學的深遠影響，古詩亦云：「功成理定和神速，速在推心置人腹」，教師時時刻刻、方方處處給予學生推心置腹、切實具體的幫助，時以日推即能達到教學成效與目標。《禮記》〈學記〉：「故君子之教，喻也。道而弗牽，強而弗抑，開而弗達。」此處即強調教學中，教師對學生的誘發啟示；且《論語》〈述而〉：「不憤不啟，不悱不發，舉一隅而不以三隅反，則不復也。」意味著教師要誘導學生，直到學生心中得以自行思索；而《論語》〈季氏〉：「君子有九思：視思明，聽思聰，色思溫，貌思恭，言思忠，事思敬，疑思問，忿思難，見得思義。」君子遇事有九種思考：看東西時，思考看明白了沒有；聽聲音時，思考聽清楚了沒有；觀察自己的臉色，思考是否溫和；容貌儀表，思考是否謙恭；所說的話，思考是否誠實；對待工作，思考是否嚴肅認真；產生疑問，思考是否向人請教；發怒生氣，思考會有什麼後患結果；見到有利可圖時，思考是否應該取得。教師的「啟發」，旨在學生習得「做人」的德性。

圖12　完成任務後愉悅心情溢於言表

《論語》〈泰伯〉:「以能問於不能，以多問於寡。」學問的獲取，是經過反思咀嚼，再三玩味，甚至從比起自己還不方便的人身上習得。是故，筆者藉此活動（圖12）觀察提問反思單，設計能讓學生將文句連綴成篇的寫作單——〈「三人行，必有我師焉」，我從植物人身上學到的事〉，期望學生因為真實有感，觸動心弦，而藉此引導學生思考，進入使用文字書寫表達情感的階段。由於七年級學生使用文字表達能力尚未成熟，加上學生文章樣本分量稍多，茲將值得討論的五位學生文章原封不動，僅以□□表示個該段落首行空白兩格，〔 〕內文字表示建議學生修改處，將學生各段比較分析、整理後，臚列如下：

一、六號男同學寫作單（圖13）

□□嗯……〔刪：嗯……〕要去創世基金會照顧「植物人」？這不失為一個好主意！只是正值疾病高峰時節，我需〔須〕好自為之，且植物人極易傳染或被感染，萬一被感染而亡，或我再度感冒又該如何是好？內心真是五味雜陳！但，是福是禍，尚未定論。

□□呼！終於到了植物人區了！首先，我大認識植物人與其故事，接下來，就要分工打掃啦！我的工作說實在還算個輕鬆事，(但我絕無偷懶之心〔，〕) 只是拖拖地，不算什麼！很快的，時間就在水聲中溜走，一下子，回學校的時間也快到了！〔。〕我忽然發現：這裡並無想像中的可怕，時間也很配合。於是，我再望望我擦拭的地面，那閃光也在向我揮別，我又踏上了回校之路。

□□一路上，我除了注意階梯是否踏空、〔？〕車子有沒有來撞我、〔？〕小狗有無汪汪亂吠、〔？〕以及同學是不是和我說話之外，〔？〕我的腦子大多都是在思索植物人的事情。我想植物人是有感覺的，是可以感受的〔得〕到我們的用心的，說不定改天上廁所，看地板之時，見到發光的地板，也說不定會有一個會心一笑？當我想到這時，我也會心一笑，但也返回至〔刪：至〕學校了！收拾心情，趕快上課！

□□這次的服務雖然時數是零〔這次的服務時數雖然是零〕(也不是因為時數而去的)，但使我依然獲益良多，不僅使我做事仔細、認真，更重要的是：〔——〕我向植物人學到了很多，如：保重身體等等。我當然也很感謝這次隨行的老師、同學，以及臨時演員——拍照的阿伯等人，〔。〕最重要的老師是植物人們！您辛苦了，讓我學到這麼多。

二、九號男同學寫作單（圖14）

□□今天老師要帶我們到創世基金會服務植物人，因此大家都抱著期待的心情準備出發。一路上〔，〕我和同學們討論著有關植物人的事，我覺得植物人應該都是像被囚禁著似的躺在床上，等待他人的幫助。

□□一到創世基金會，有一位漂亮的志工姊姊帶我們都〔到〕一間小視聽室講解。原來植物人是因為大腦受損〔，〕導致全身癱瘓，所以他們頭兩側的頭蓋骨會向下陷。不過雖然他們的身體大多無法行動自如，但是有些植物人的聽覺卻是非常敏銳的，所以大姊姊告訴我們，盡量不要在他們耳邊提起他們未〔為〕什麼會變成植物人，不然他們可能會有些激動。有幾個植物人在我們進入病房時，都有些顯得很想跟大家說些什麼話，卻說不出口。

□□我們這一組被分配到的任務是說故事，大姊姊告訴我們，開頭的時候要告訴他們〔：〕我們來自哪裡？叫什麼名字？然後一個字一個字的慢慢念，有時候我們唸到一半，植物人也會有一些反應，感覺像在告訴我們什麼，我們這組為三個植物人講故事，講完的當下，我覺得非常快樂。

□□我對這次的參訪還算滿意，我覺得植物人雖然比我們一般人生活較辛苦，但是他們都會想辦法克服，我也感謝我的爸媽，能讓我健康快樂的長大。

三、十八號女同學寫作單（圖15）

□□這星期，老師帶大家去參觀創世。行前，我想，植物人應該是身體上有一些殘缺或者特殊疾病，須要人們關心、關愛和照顧，藉此得到生理、心理、環境上溫暖與被關照的感覺，以及行動不方便、四肢不太靈活的人。

□□當天，到了創世基金會，志工姊姊先跟大家介紹植物人以及宣導注意事項，就帶著緊張的大家去看看植物人。那一間間房間，住著一位位植物人，在我眼裡，他們就好像一個個囚犯，永遠被關在這狹小的牢獄，而他們也無法輕易動身，只能躺在床上，讓別人幫助他們。這不禁在我心裡起了一個疑問：他們是否也會也想要回饋社會、希望自己可以擁有幫助別人的能力呢？想到這裡，我的心裡便湧起了一股苦澀的滋味……。

□□跟植物人打完招呼後，我被分配到打掃的工作。掃地的同時，我看到了每一位病床上植物人的簡介。其中一位植物人愛好唱歌，假如他並沒有像現在這樣生病躺在床上，那他現在是否已經站在演藝圈的舞臺上發光發熱？我也注意到幾位植物人的眼神，看起來好難過，它們是否在想像著自己可以復原一些，至少做幾個簡單的動作，卻無能為力？植物人的遭遇，真讓人鼻酸……。

□□這次到創世的時間雖短，但志工姊姊告訴大家：「這次大家來到創世服務的精神〔，〕有可能成為植物人繼續走下去的動力，所以別小看自己了。」這句話鼓舞了我，也讓我學習到要經常幫助別人。感謝老師以及創世的志工們，讓我認識、了解植物人，這真是有價值的戶外教學！

四、二十二號女同學寫作單（圖16）

□□成為植物人或許是最令人擔心的一個狀能，他們喪失了大腦的部分功能，(受傷的地方是頭部的兩側)，無法像常人一樣能正常活動，但是他們並沒有因此死去。許多人都會認為他們已經不會康復，反而身體會越來越糟，直到死去，也不會對外界有所反應，但他們的意識其實只是「困住了」，而且可能有交流。
□□他們雖然無法言語，不過當我們經過他們床邊時，他們眼睛感受到光影，會有眨眼或微微的擺動手〔，〕表達它們的情緒。在各個房間裡面都有放置電視，透過外界的聲音、光影的流動，來增加感官刺激。
□□植物人長期臥床，導致他們抵抗力下降，易引起感染或其他併發症，創世基金會的愛心支持，讓他們得到完整的照顧。
□□這次我分配到的工作是「擦床欄」，志工姊姊告訴我們：「盡量不要碰到植物人，〔。〕要靠近他們時，要記得戴口罩，以免把細菌傳給他們。」
□□在工作時，他們的眼睛會跟我們轉動，從他們的眼神中，好像看到了一點點的傷心、〔，〕一點點的遺憾，一些些的好奇，一些些的害怕。
□□這次的工作，聽了很多關於植物人的故事，〔。〕在創世的活動上，看到各個熱心又親切的志工，為了照顧植物人，都精力十足，手腳敏捷，〔讓創世的精神：〕「救一個植物人，救救一個家庭。」〔不斷地傳送到各角落。〕

五、二十七號女同學寫作單（圖17）

□□原先以為植物人是整天躺在床上，行動受限，無法自由行動，對任何事物不感興趣。直到去了創世基金會，才知道原來有些事物，其實不是我想的那樣。
□□從我到創世後，發現植物人身上有著氣切管（因為無法自行呼吸）和鼻胃管（因為無法自行進食），如果是一般人恐怕無法做到！因為插在身體裡，是有一陣痛〔一定非常不舒服〕，一般人是無法做到，而且會產生反抗〔因為不舒服，一定會想把管子摘除〕。有些植物人聽的〔得〕到，如果〔有人〕在他旁邊敘述故事，也許他聽得到。植物人吃東西時，是用鼻胃管進食，吃的東西會打成汁。
□□我分配到的任務是打掃環境，志工沒教我怎麼做，就是掃地而已，〔。〕掃地的時候，聽到植物人床上有一個播放佛經的音樂〔播放器〕，床上的人看起來很平靜，沒有什麼痛苦，不是要過世啦！〔刪：不是要過世啦！〕
□□這次的任務〔，〕我向植物人學習到：「即使身處在困境，也不要放棄。」如果植物人想要扭轉逆境，想要漸入佳境，那麼好手好腳的我們不是更應該努力嗎？〔植物人和他們的家屬，是這樣的努力，想要重回往日的健康快樂，那麼身體健康沒有病痛的我們，不是該要更努力培養自己的能力，回饋社會人群嗎？〕

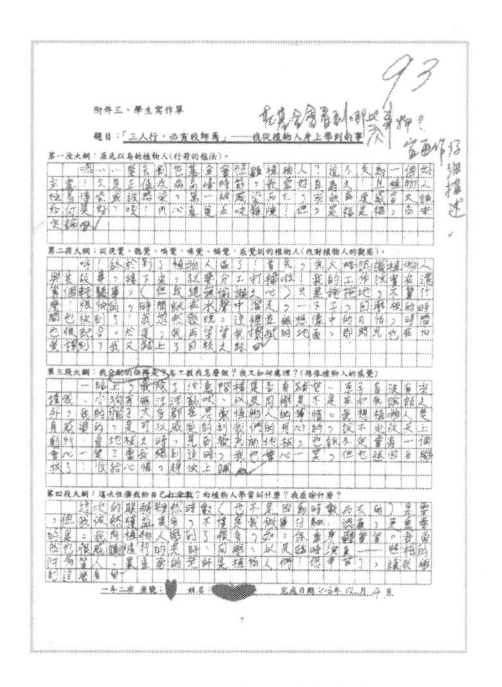
附件三、學生寫作單

題目：「三人行，必有我師焉」——我從植物人身上學到的事

第一段大綱：原先以為的植物人（行前的想法）。

第二段大綱：從視覺、聽覺、嗅覺、味覺、觸覺，感覺到的植物人（我對植物人的觀察）。

圖13　六號男同學寫作單

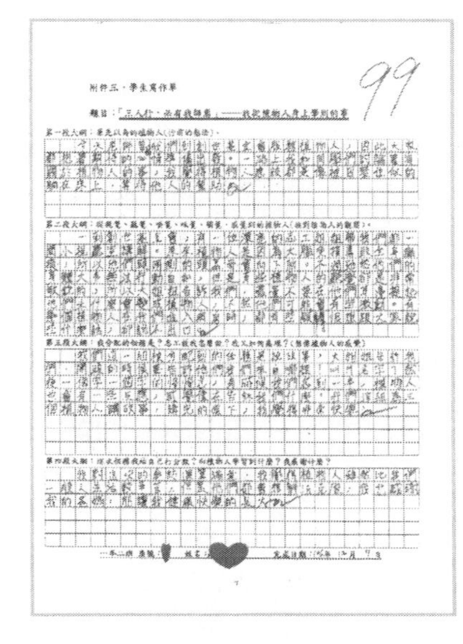
附件三、學生寫作單

題目：「三人行，必有我師焉」——我從植物人身上學到的事

圖14　九號男同學寫作單

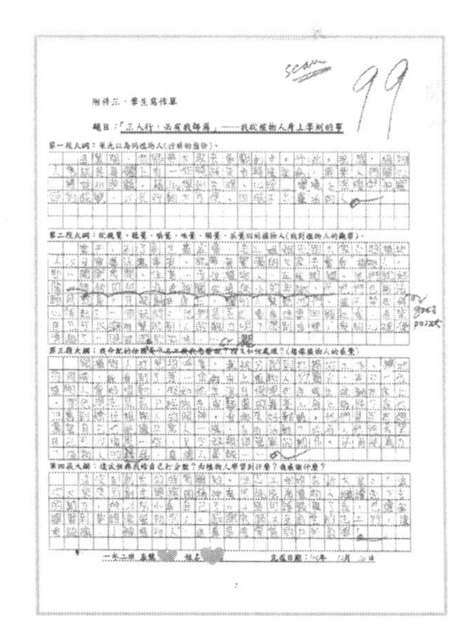
附件三、學生寫作單

題目：「三人行，必有我師焉」——我從植物人身上學到的事

圖15　十八號女同學寫作單

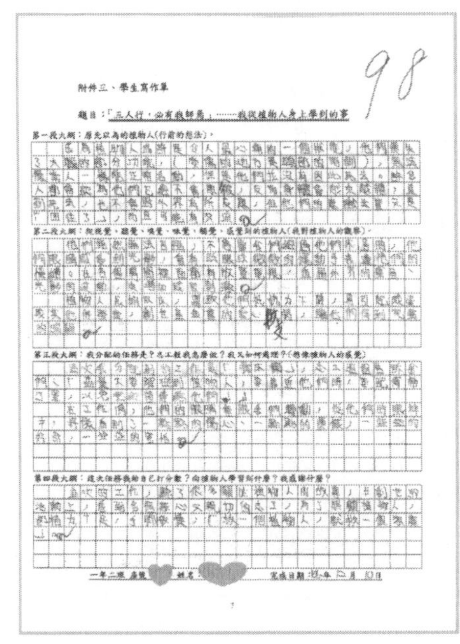
98

附件三、學生寫作單

題目：「三人行，必有我師焉」……我從植物人身上學到的事

第一段大綱：原先以為的植物人(行前的想法)。

第二段大綱：從視覺、聽覺、嗅覺、味覺、觸覺，感覺到的植物人(我對植物人的觀察)。

第三段大綱：我分配的任務是？志工教我怎麼做？我又如何處理？(想像植物人的感覺)

第四段大綱：這次任務我給自己打分數？向植物人學習到什麼？我感謝什麼？

一年二班 座號 姓名 完成日期

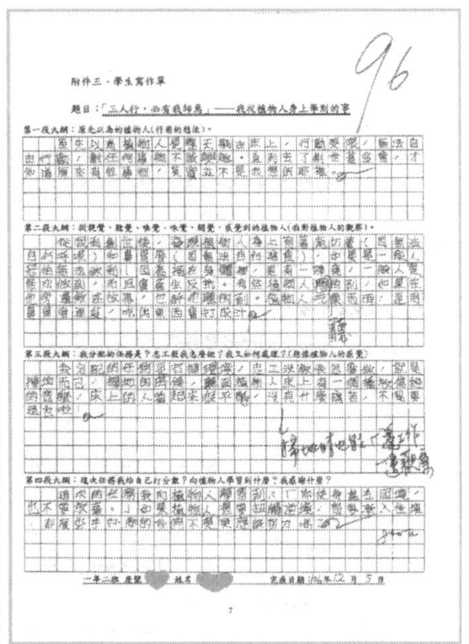
96

附件三、學生寫作單

題目：「三人行，必有我師焉」……我從植物人身上學到的事

第一段大綱：原先以為的植物人(行前的想法)。

第二段大綱：從視覺、聽覺、嗅覺、味覺、觸覺，感覺到的植物人(我對植物人的觀察)。

第三段大綱：我分配的任務是？志工教我怎麼做？我又如何處理？(想像植物人的感覺)

第四段大綱：這次任務我給自己打分數？向植物人學習到什麼？我感謝什麼？

一年二班 座號 姓名 完成日期

圖16　二十二號女同學寫作單　　**圖17　二十七號女同學寫作單**

該班七年級學生全無參加過作文訓練班相關課程，而在本次活動後的習作文章算是進入國中後，首次藉由參訪、觀察、訓練後之所得，分析學生文章後略可見：

一、七年級學生寫作仍習慣小學日記式書寫

學生在國小階段，大多訓練「我手寫我口」，將自己當下的感受化諸文字紀錄於紙上，根據教育部頒布的課程綱領與一般教師教學階段任務，小學時期語文教學重點在於識字、寫字、創造句子的鍛鍊，因此對於需要連綴成篇，大多數的同學很困擾，甚至會有「自由寫作」（完全不管題目，自己寫自己的）、「湊字數」（不管寫什麼內容，只要字數達到要求）等方式，完成「寫作」這一件「苦差事」。

因此，對於剛升上以閱讀、理解、寫作為語文訓練的國中，七年

級學生自然而然會出現需要加強加深訓練的情況，諸如觀察反思單有以詞彙記錄但各段只寫一行，或者反思單可以完成但寫作則完全空白，甚出現「嗯……要去創世基金會照顧植物人」、「沒有什麼痛苦，不是要過世啦！」之類極度為口語表達方式的句子，或許都可作為國中階段語文教學必須留意的現象，學生尚不大清楚，口語傳達時可以加上肢體語言與臉部表情輔助傳達，然轉化成書面語，則只能透過書寫的文句，提供讀者作為想像，以傳達表情達意的功能。是故，教師訓練學生寫作時如能提供寫作鷹架，或者引導學生多一點線索與觀察，以作為學生寫作時的記錄，發揮更多想像。

二、七年級女生普遍文字駕馭能力仍高於男生

該班七年級學生總人數為二十六位，其中有十六位男同學，扣除兩名男資源生，共十四位，因此共收得十四份寫作單；女同學共十位，收得十份寫作單。

單就該班學生將反思單上觀察引導連綴成篇的份量而言，女同學的篇幅還是比男同學多，許多男同學各段只寫一行，或著空白，女同學則能依照引導連綴成篇；單就質量而言，女同學還是較能從細膩觀察中，體會出此行的意義與目的。

三、就算是相同的任務，也會產生不同感受

就從筆者所列出的五篇學生習作，六號同學的任務為掃除，九號同學的任務是念故事，十八號同學的任務為掃除，二十二號同學則是擦床欄，二十七號同學也為掃除。

為植物人唸故事的九號同學描述自己感受：「然後（我）一個字一個字的慢慢念，有時候我們唸到一半，植物人也會有一些反應，感覺像在告訴我們什麼，我們這組為三個植物人講故事，講完的當下，

我覺得非常快樂。」植物人的聽覺敏銳，學生記得社工人員交代的注意事項，留意自己念故事時，音量不可過大、音頻不能太過尖銳、語速適中、咬字得清晰，當他將任務完成，意識到自己做了一件有意義的工作，心中升起愉悅。

為植物人擦床欄的二十二號同學描述自己感受：「在工作時，他們的眼睛會跟我們轉動，從他們的眼神中，好像看到了一點點的傷心，一點點的遺憾，一些些的好奇，一些些的害怕。」在擦拭的過程中不可以太靠近植物人，一方面怕驚動打擾植物人，二方面怕弄疼弄傷植物人，再者，則是擔心植物人的無意識動作會傷害沒有受過醫療訓練的學生。二十二號同學表達她感受到植物人的「傷心」、「遺憾」、「好奇」、「害怕」，此也正是自己的「傷心」、「遺憾」、「好奇」、「害怕」，為植物人無法行動自如的狀態傷心與遺憾，因為自己第一次近距離見到植物人，不免好奇與害怕。

同樣做掃除的六號、十八號、二十七號同學，他們寫下自己不同的心情。六號同學描述自己感受：「我再望望我擦拭的地面，那閃光也在向我揮別，我又踏上了回校之路。」這段服務時間裡，大多時間留意地板，因而筆墨多琢磨地板，自己也和機構的地板產生連結。十八號同學描述自己感受：「掃地的同時，我看到了每一位病床上植物人的簡介。其中一位植物人愛好唱歌，假如他並沒有像現在這樣生病躺在床上，那他現在是否已經站在演藝圈的舞臺上發光發熱？我也注意到幾位植物人的眼神，看起來好難過，他們是否在想像著自己可以復原一些，至少做幾個簡單的動作，卻無能為力？植物人的遭遇，真讓人鼻酸……。」十八號同學因為掃地工作，有機會仔細觀察貼在牆上的植物人簡介，她將植物人的喜愛與自己的經驗連結，愛唱歌的喜好或許假以時日能成為一名閃亮於舞臺的明星；她又觀察到植物人的眼神茫然，身為行動自如又健康的自己卻無能為力，因此她感受到植物人的不便，心生悲涼。二十七號同學同學描述自己感受：「掃地的時候，聽到植物人床上有一個播放佛經的音樂〔播放器〕，床上的人看起來很平靜，沒有什麼痛苦……」二十七號同學因為一邊打掃，她只能就視覺與聽覺觀察，發現了植物人的佛經播放器，此或許是來自家人的關愛，家人期望植物人能在宗教的帶領下心情保持平靜，可以想見植物人備受來自家屬溫暖的關愛。

四、感受雖深，能力卻不足以表達

該班七年級學生皆無接受過作文補習班訓練，其中也不乏習慣性廣泛閱讀的孩子，可見一般學生文字書寫能力仍可能有下列該留意的情況：

（一）句子表達不夠完整

表達句子時，或者缺少主語，或者缺少賓語，使用短句表達意思，此和學生常使用網路留言式的文字表達或恐不乏相關。例如十七號女同學：「我們這組被分配到的是講故事，我們跟兩個植物人講，一開始我們遲遲不敢開始講話，後來終於開口了，先自我介紹，之後就開始講內容。」從中可以讀出該名學生急欲將文句組合成段落，然而「我們這組被分配到的是講故事」一句，少了「任務」或「工作」將主語作完整表達，如此一來「我們這組被分配到的任務是講故事」，句子才能成為完整意義；「我們跟兩個植物人講」一句，少了賓語「故事」，如能改為「我們有兩位植物人聽眾」，在傳達意義上則有所變化且組織完整；十七號同學：「一開始我們遲遲不敢開始講話，後來終於開口了，先自我介紹，之後就開始講內容。」將許多短句連綴，事實上每個短句只是長句的一部份，如能更改成「起初，我們遲遲不敢進行念故事的工作，但想著我們是做一件有意義的事，在所有組員一起鼓起勇氣之下，大夥真的卯足默契，齊聲為植物人朗讀故事。」加了些描述之後，句子更能完整表達。

（二）同音錯別字極為頻繁

雖然使用紙筆的書寫技能，然而常見同音錯字，諸如：「喂食」應作「餵食」，「床藍」應作「床欄」，「徵取」應作「爭取」，「檢察」應作「檢查」，「浩了大半時間」應作「耗了大半時間」等等，諸如此類的同音錯別字。

（三）描述語詞或形容詞乏善

形容詞或修飾性詞語能讓感覺由平面變成活潑生動，然大多學生僅用平鋪直述的不完整或平面的句子表達情感，此或許與平日認知的形容詞，或描述語詞或表達情緒的詞語認識太少、運用太少有關。例如平時喜歡說笑的八號男同學，這麼平鋪直敘地寫下：「我到樓下去搬別人捐的物品到樓上去，志工教我們要一個一個慢慢搬，不要太急，因為一次搬太多電梯也塞不下去。」似乎只把意思說完，而缺乏修飾性語詞，如果改成「我的任務是搬運善心人士捐贈的物資。由於安養中心位於大樓的二至四樓，必須和其他住客共同使用整棟樓，安養機構基於空間安排與志工照料植物人方便，將倉庫安排在四樓，因此我的工作就是必須把物資搬運到四樓。志工貼心的教導我們，必須慢慢搬運，不能貪求快速，階梯必須一階一階踩穩，深怕我們一個閃神，把對別人的幫助釀成自己受傷，這樣就得不償失了。真的感謝志工姊姊的貼心，更相信在這樣充滿愛的環境，植物人必能進步。」加了些描述語修飾詞語，讓語義的傳達更加完整。

五、從五感到心感，真誠感激

雖然七年級學生不見得能將五種感覺做完整的觀察與想像，然而就某一兩項感覺器官的觀察記錄，且將此連綴成篇後，學生們打從心底由衷的感激，由衷地體會出自己生活的幸福。如三號同學寫下：「最後，我給自己這次的任務打了個八十分。我向植物人學到：比我們不幸的人都能克服障礙，堅強的活下去，何況是我們，整天好吃懶做，只會等著父母、長輩幫我們處理生活事物。」十九號女同學寫下：「這次的任務我給自己打九十二分，而我向植物人學習到生命的珍貴，只要出任何一點小差錯，整條命就沒了。」連結五感觀察進而寫作的生命體驗，就是要孩子們珍惜自己的生命；二十六號女同學寫下：「這次的服務結束後，我從植物人身上學了很多，例如他們如何訓練身體活動的方式，或是怎麼照料植物人才不至於弄痛他們。不僅要感謝志工的講解，更要感謝人美心美的老師，不會因為發生流感，創世拒絕我們參訪而放棄，她還非常努力積極的申請，為的就是讓我們深刻的體驗，認真的學習。」除了了解如何照料，更回身感謝身旁的人事物。

結語

體驗式的教學活動設置，主要即是喚起學生的良善本性，更激勵學生學習，現在的孩子生活裡處處是父母師長呵護，有時甚至過分物質要求，忘卻基本的愛與感激。瑞士心理學家皮亞傑認為，人從兒童時期開始，就有一種頑固的自我中心傾向，以為處在不同視角的別人所能看到的東西，與自己看到的一模一樣，認為自己的想法總是對的。處於自我意識逐漸建立的青春期，有時將正話反說，有時隱藏自己真實感受，然經過這一次參訪植物人安養機構，許多學生應該被機構中所觀察的一切人事物所震懾，原來生命也能這樣地堅韌，機構裡的服務人員與植物人非親非故，竟也能毫無保留氣力地奉獻自己。學生經常在電視裡見到，「一張發票救一個植物人」，如今真的在眼前發生了！他們更親身見證了基金會秉持的理念：「救一個植物人，等於救一個家庭。」社會裡的溫情，有了愛的傳遞，永遠不會降溫。學生在課堂裡或許對於「三人行，必有我師焉」感到平面而冷漠，自從進入植物人安養機構，他們向植物人學習了很多很多。

本次從學生能力可及的工作任務，進行感官體驗與觀察，且結合反思感悟的寫作訓練。如此讓學生真真切切的走一回植物人安養機構，這是或許他們生平第一次進入安養中心，然而也可能成為未來服務他人的起始點，真心感悟，文字表達更動人。「感」？不「感」？試試才知道！

附件一　學生反思單

鳳西國中七年二班「珍惜生命創世基金會」參訪學習單

座號：　姓名：　　　　　　家長簽章和回饋：

（1）時間：一〇六年月日星期一八時至十時

（2）地點：

（3）活動前，我覺得「植物人」是……

（4）活動中，我觀察到「植物人」……

我看到： 我聽到： 我聞到： 我嚐到： 我觸到： 我服務的植物人床號是： 他成為植物人的原因是： 我為他做什麼服務：

（5）活動後，我認為「植物人」和他的家屬……

（6）我想感謝……

附件二　學生寫作單

題目：「三人行，必有我師焉」——我從植物人身上學到的事

座號：　姓名：　　　　　　完成日期：　　年　　月　　日

第一段大綱：原先以為的植物人（行前的想法）。

（保留空格）

第二段大綱：從視覺、聽覺、嗅覺、味覺、觸覺，感覺到的植物人（我對植物人的觀察）。

（保留空格）

第三段大綱：我分配的任務是？志工教我怎麼做？我又如何處理？（想像植物人的感覺）

（保留空格）

第四段大綱：這次任務我給自己打分數？向植物人學習到什麼？我感謝什麼？

（保留空格）

有別於文本分析的語文情境學習

——透過觸覺與味覺深印吃冰的美好感覺

早在九年一貫之前的國立編譯館時代國中國文教科書裡即存有古蒙仁先生一千五百字的〈吃冰的滋味〉，這篇文本深受國中學生喜愛，對於文章長度動則五千或上萬言，且擅長報導與鄉土書寫的古蒙仁先生曾在一篇《聯合報》專訪中，將自己這篇文章作了個人書寫說明，他強調這篇文章：「其實是傳統農村社會的價值觀和基本信仰，那就是童叟無欺、公道信用的小生意哲學，以及知福惜福、珍惜物命的傳統消費觀念……」[1]在現今一切量產迅速致富的時代，如此的價值觀確實必須在人格形塑的青少年學習階段出現，並且不斷提升與強化，單純美好的價值觀才能被喚起，持續存在。

除此之外，古蒙仁也在報紙專訪中歸納出感覺書寫重點核心，此即：視覺（色彩「色彩鮮豔」、形狀「冰屑像雪花」、動作「拿出一大塊晶亮的冰塊，軋入刨冰機中，飛快地旋轉起來，再淋上糖水」）、觸覺（「一匙一匙挖入嘴裡，冰花瞬即融化，溶入舌尖」）、味覺（「一根冰棒含在嘴裡，總要舔上半天」）、聽覺（「串串鈴鐺聲響徹街頭巷尾」）。於是整篇文章在感官摹寫的文字魔力下，也呈現出：幸福、滿足、興奮、愉悅、懷念、珍惜。

1 參考《聯合報》2011年10月23日。

整篇文章文字樸實、情真意切，不僅國中學生容易懂得，也將往日單純美好的感覺藉由文字領會。自從發現臺灣學童體重過胖，教育部頒布國中小合作社僅能販售牛奶、果汁、麵包，國文老師每次教授〈吃冰的滋味〉文本，變成學生最期待的一課，因為此時國文老師一定想盡辦法，將各式各樣的冰品堂而皇之地帶進課堂，讓學生們一邊聽文本講解，一邊品嚐國文老師的愛心冰品，或許沒有文章所說「一個夏天吃掉的冰品恐怕要超過自己的體重」，但校園辦公室內有限的冰箱空間，此時節總是被塞滿各式各樣的冰棒，無怪乎教授其他科目的同仁見到冰棒，總是善體人意地詢問：「你們又在上〈吃冰的滋味〉啊？那我們最近得把冰箱空間騰出來，讓國文老師可以冰冰棒！」

但是，除了讓學生在平日禁食的課堂上舔一舔冰棒，還能做一些什麼有趣且印象深刻的學習呢？這學期筆者和孩子們進行一場「關於吃冰的美好感覺」的教學活動，結合時下流行的 Uber Eats 廣告詞，與人體進行一場觸覺與味覺的感官記憶挑戰。

一　感覺描述教學活動進行式

依循十二年國教課程綱領素養精神，學生學校課程的學習必須更貼近實際生活，進而能辨識、處理、解決實際面臨的生活難題。原來依照本校實際課程進度與目標，筆者和七年級兩班的孩子們（「初次學習者」）先進行文本理解與分析，將其中語文學習目標「感官摹寫」與「譬喻修辭」提取出來做為教學活動核心，扣緊「吃冰滋味」文本精神，並加入時代新新元素「Uber Eats」，套用「今晚我想來點……」流行廣告詞，因為筆者任教九年級學生兩年前也曾於課堂上學習此文本，於是將他們列為此教學活動中「再次溫習學習者」角色，將「關於吃冰的美好感覺」整體教學活動區分為：冰棒恐怖箱、今晚我想來點、與美好感覺的盲目約會，三階段教學活動。

（一）冰棒恐怖箱

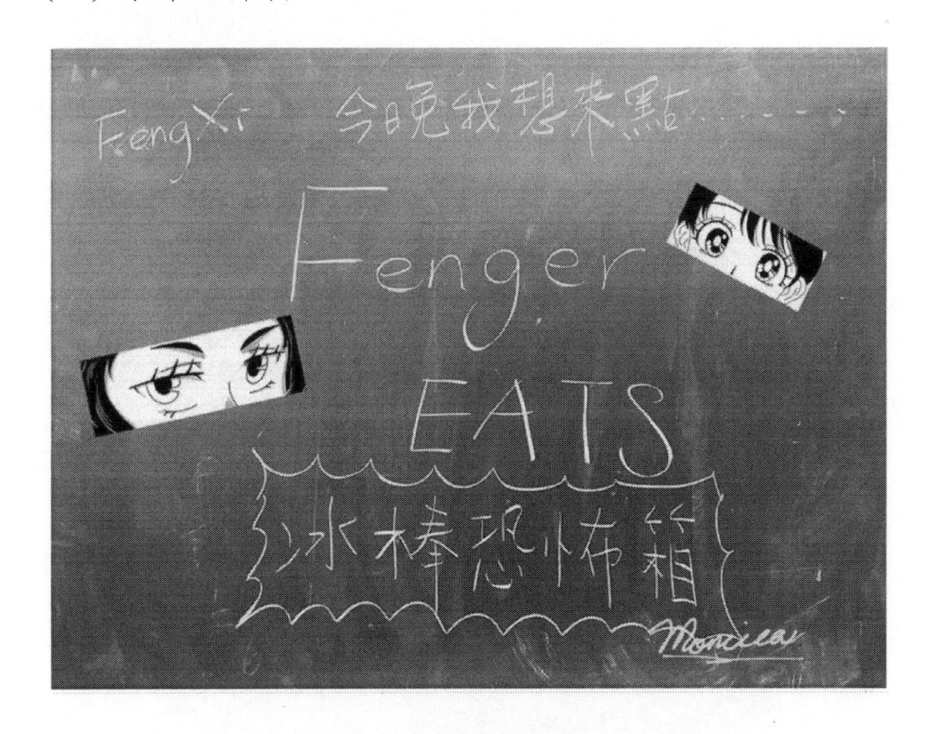

圖1　黑板上提示學生教學活動主題

本校鳳西國中位於近鄰商業區的文教區，學生各個活潑可愛，天性質樸可塑形強，雖然在校期間學生被禁止訂購外食，街道上經常出現新興行業 foodpanda 或 Uber Eats 往來穿梭，學生就算沒有實際訂購過也曾親身耳聞，加上邀請大咖知名偶像明星蔡依林、林秀美、林志玲、伍佰、蕭敬騰、盧廣仲主打廣告，配上洗腦的廣告臺詞：「今晚我想來點……」，孩子們都對筆者安排的教學活動興致高昂。

筆者搖身變成 APP 訂購「外送員」，將 Uber 改成 Fenger（鳳西英譯 Feng Xi），以符合外來語詞的特點（圖1）。外送員必配戴保冷袋，筆者的保冷袋裡裝有各式各樣口味且體積大致均等的冰棒。這些口味不同的冰棒，則含有孩子愛的雪糕、珍珠奶茶，當然有含有孩子不愛的紅豆、情人果，「美麗上班族外送員」必須在冰棒融化前遊走教室各座位，將「恐怖冰棒箱」送達學生面前。而學生要做的必須是把眼睛遮蔽，只能以「手」當「眼」，在大小均等的冰棒中猜想並且揀選出自己想要的冰棒口味（圖2、3），且立即拆封入口品嚐。

圖2　學生遮蔽眼睛，將手伸進「冰棒恐怖箱」拾取冰棒

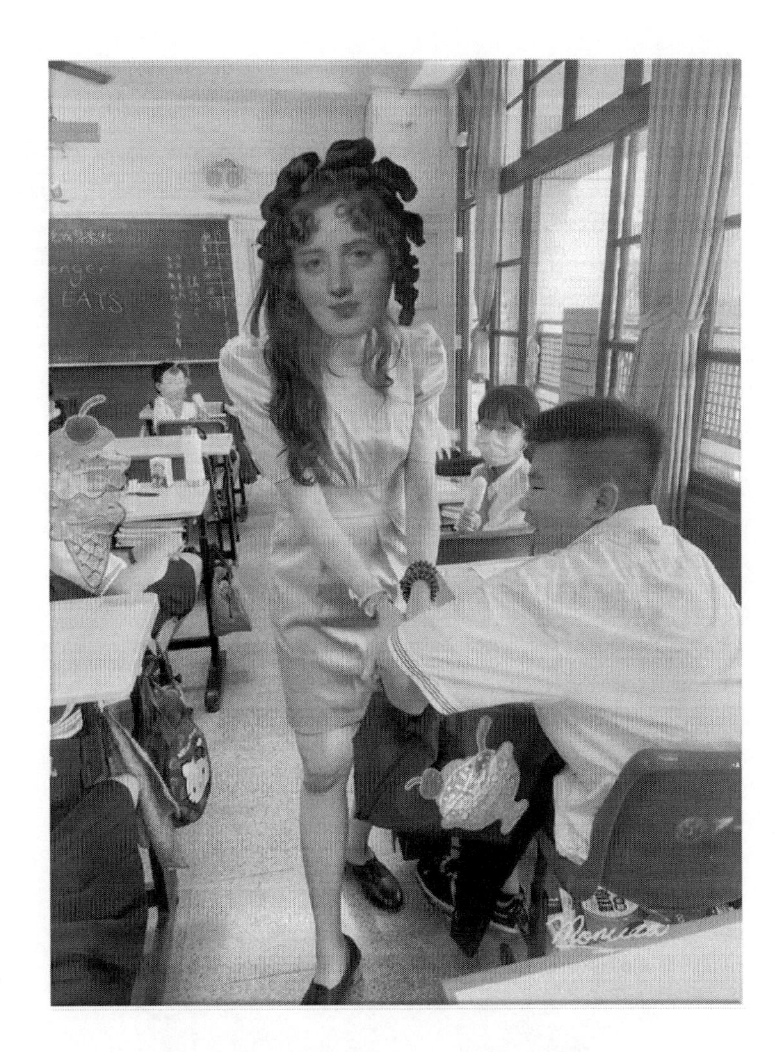

圖3　學生將手伸進「冰棒恐怖箱」

在不知會抽到什麼冰棒的情況下，孩子們露出驚恐的真實表情，這應該是他們難以抉擇的時分，但又必須在不影響後頭同學拿到融化冰棒時間內，必須斬釘截鐵當機立斷，做出決定。筆者在一旁化身為「美麗上班族外送員」，一邊觀察孩子們觸摸反應與期待、驚訝表情，孩子們的真實反應深深觸動我心。

（二）今晚我想來點

抽到冰棒後，學生必須品嚐並當下記錄、想像、撰寫感覺記錄單（圖4、5）（圖6）。記錄單內容則是：不含姓名只含班級與座號的個人資料、自我評價、他人評價，以及完成句子：「今晚，我想來點__________________冰品，那冰品嚐起來的滋味有如______________，令我難以忘懷。（請利用摹寫修辭法寫出完整的句子）」（圖7）。

圖4　該生左右手各持一冰棒，喜舔冰棒的模樣可愛至極

擔心天熱冰棒融化，孩子們只能迅速地一手品嚐冰棒，一手撰寫當下感覺記錄單，另一方面還得擦拭滴落的冰棒汁和垂涎。七年級學生寫下不少令人驚豔的句子：

一、情人果冰棒

（一）今晚我想來點情人果冰品，那綠綠的冰品，嚐起來的滋味有如漂亮的學姊一樣，令我難以忘懷。（110-3）

（二）今晚我想來點情人果冰品，那翠綠色的冰品，嚐起來的滋味酸酸甜甜像極了人生，令我難以忘懷。（115-21）

（三）今晚我想來點情人果冰品，那爽快的冰品，嚐起來的滋味有如從安親班成功逃出來，令我難以忘懷。（115-4）

（四）今晚我想來點情人果冰品，那有如翡翠般的冰品，嚐起來的滋味像極了小時候阿嬤醃的情人果一般，令我難以忘懷。（115-5）

（五）今晚我想來點情人果冰品，那甜而不膩的冰品，嚐起來的滋味有如沙漠中的一杯涼水，沁涼我的全身，令我難以忘懷。（115-28）

描述情人果冰品滋味，從「阿嬤醃的情人果」單從另一種味覺描述，到「見到漂亮學姊」視覺性描述，「沁涼全身」觸覺描述，到「安親班成功逃出」已能從心裡感覺描述。

二、咖啡冰棒

（一）今晚我想來點咖啡冰品，那苦澀的冰品，嚐起來的滋味有如人生一般又苦又甜，亦有如愛情一般隨時都要擔心嚐到苦頭，令我難以忘懷。（110-12）

（二）今晚我想來點巧克力咖啡冰品，那巧克力咖啡的冰品，嚐起來的滋味有如初戀時和情人共享一杯黑咖啡，令我難以忘懷。（110-28）

（三）今晚我想來點咖啡阿奇儂冰品，那咖啡阿奇儂的冰品，嚐起來的滋味有如苦澀咖啡內餡，包裹甜膩巧克力外餡，又苦又甜，像極了分手的味道，令我難以忘懷。（110-17）

（四）今晚我想來點濃郁的咖啡冰品，那巧克力包裹咖啡的冰品，嚐起來的滋味有如玩刺激的雲霄飛車，-苦中帶甜，令我難以忘懷。（110-19）

（五）今晚我想來點巧克力咖啡冰品，那巧克力咖啡冰品，嚐起來的滋味有如和另一半處於熱戀時期的滋味，令我難以忘懷。（115-25）

（六）今晚我想來點咖啡核果冰品，那香甜可口的冰品，嚐起來的滋味有如置身在巴西一樣，那熱情的感覺在舌尖擴散開來，令我難以忘懷。（115-16）

描述咖啡冰品滋味則有許多想像，例如：「人生」、「初戀」、「分手」、「熱戀」、「置身巴西」，可以是身處於異國，也可以是窮盡人生，學生大多描述期待中的感情世界，無論是難忘的初戀、甜蜜的熱戀，抑或是已經和情人分手。只是，筆者感嘆小小年紀的他們，如何能了解愛情的滋味？或許真只能想像吧！

三、珍珠奶茶冰棒

（一）今晚我想來點珍珠奶茶冰品，那美味的冰品，嚐起來的滋味有如糖果王國裡的跳跳屋，令我難以忘懷。（110-27）

（二）今晚我想來點珍珠奶茶冰品，那超級甜的冰品，嚐起來的滋味有如見到我曾曾祖母，令我難以忘懷。（110-25）

（三）今晚我想來點珍珠奶茶冰品，那有著淡淡茶香的冰品，嚐起來的滋味有如正悠閒的享受下午茶時光，令我難以忘懷。（110-8）

（四）今晚我想來點珍珠奶茶冰品，那濃濃的奶香味的冰品，嚐起來的滋味有如泡在珍珠奶茶裡的享受，令我難以忘懷。（115-24）

描述珍珠奶茶冰品滋味，則有描述茶香「泡在奶茶裡」，心理感受「悠閒下午茶」、「見到曾曾祖母」，亦有描述珍珠咬合感覺「糖果王國跳跳屋」。

四、紅豆冰棒

（一）今晚我想來點紅豆鮮牛奶冰品，那美味夢幻的冰品，嚐起來的滋味有如漂浮在紅豆世界裡，深深融化我的心，令我難以忘懷。（110-23）

（二）今晚我想來點紅豆冰品，那詭異的冰品，嚐起來的滋味有如被噴火槍烤過的紅豆汁，令我難以忘懷。（110-9）

描述紅豆冰品滋味，大約因為孩子不愛紅豆，較無法聚焦或多些想像，孩子們大多只能繞著紅豆發揮，諸如：「紅豆世界」、「紅豆汁」。

記錄單上之所以不記名，乃因當「今晚我想來點」感覺記錄單填寫完畢，必須進行「與感覺的盲目約會」活動，將兩班同學所填寫的記錄單進行交換閱讀，初次評閱，相互批改，給予建議與學習。

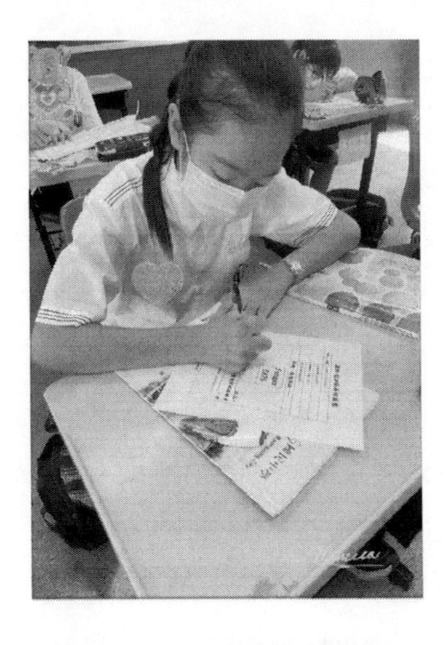

圖5　女同學填寫記錄單

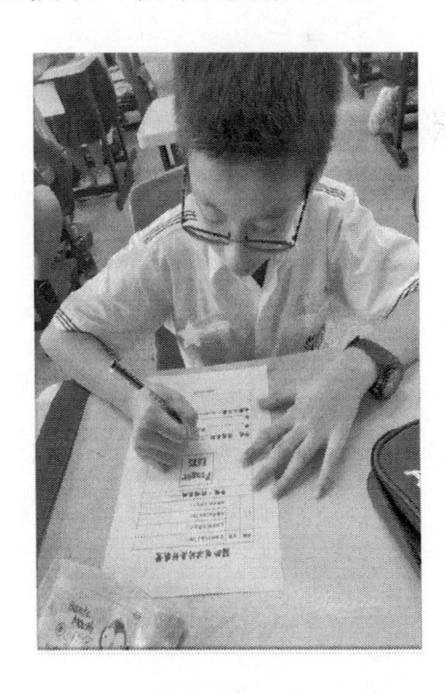

圖6　男同學填寫記錄單

關於吃冰的美好感覺

班級	座號	自我評分(滿分 100)：
		自我評語(完整句子)：
		同學評分(滿分 100)：
		同學評語(完整句子)：

今晚，我想來點⋯⋯

Fenger
EATS

今晚，我想來點＿＿＿＿＿＿＿冰品，那＿＿＿＿＿＿＿冰品嘗起來的滋味有如＿＿＿＿＿＿＿＿＿＿＿＿＿＿，令我難以忘懷。(請利用摹寫修辭法寫出完整的句子)

2020@宜政老師

圖7　關於吃冰的美好感覺記錄單

(三)與感覺的盲目約會

孩子們同筆者不斷地提醒與強調，感覺記錄單上一定不能填寫姓名，以免不好意思將真實感受寫出，因此筆者將記錄單去除姓名欄位，於是在沒有姓名的記錄單上，同學們根據品嚐完冰棒的感覺記錄，在不知另一個班級同學姓名的情況下，進行「與感覺的盲目約會」，在評閱同學感覺記錄單的同時間，一面閱讀同學對冰棒的感覺，一面也「見賢思齊，見不賢而內自省」進行建議與學習。

只見同學們非常認真地閱讀與批改不知名同學的記錄單，甚至有同學被記錄單幽默的句子也引發幽默與創作魂，在評點時也給予十分具有創意的回饋，諸如：

一、自我評論：

（一）我真是人生的詩人。（110-12）

（二）用詞大膽。（110-28）

（三）我覺得不行。（110-9）

（四）我把上課中吃冰聯想成悠閒的下午茶時光。（115-8）

（五）人總要有進步空間，不可能第一次寫就直接拿到滿分，雖然我覺得自己寫得很棒！（115-25）

（六）內容太過抽象。（115-28）

二、同學評論：

（一）自我感覺良好。（110-12）

（二）與心儀的對象一同享受下午茶，實在太羅曼蒂克了。（110-28）

（三）我覺得可以。（110-9）

（四）不要滴冰棒汁在學習單上。（115-7）

（五）由此可知安親班是多麼恐怖？你需要換安親班嗎？請到喬美安親班（我沒有打廣告喔！）（115-4）

（六）你的進步空間應該更大！加油！（115-25）

可以從孩子的「自我評論」與「同學評論」中讀到兩者是真正誠心對話，如：「我覺得不行」（自我評論）與「我覺得可以」（同學評論），前者對自己的撰寫沒信心，後者則給予撰寫者肯定。有些「自我評論」則為自己的撰寫衷懇提出所不足之處，而在「同學評論」中則見到不知對方是誰的同儕真誠搞笑對話。

兩班七年級感覺記錄單進行完交換評閱後，筆者九年級任教學生聽聞有此教學活動，也想加入學弟妹感覺記錄單評閱，於是每一位九年級學生，皆以不記名方式評閱兩張七年級學生感覺記錄單。

當筆者回收記錄單時檢視，發現孩子們非常投入自評與他評，九年級學長姊也以「多兩年」的語文學習與人生經驗，給予學弟妹有建設性又具備青春期式「不管你是誰」[2]真誠幽默的講評，像是：

（一）你曾祖母是螞蟻人是不？（110-25）

（二）我覺得草莓口味的冰棒比較好吃，可以多一些假掰的句子，分數會再高一些。加油！（110-12）

（三）被「噴火槍烤過」，不會留下液體。（110-9）

（四）學姊沒有你想像的美好。（110-3）

（五）可以告訴我愛情是什麼嗎？因為我活了十五年都沒經歷過。（115-23）

（六）被奶茶溺死，好快樂喔！（115-24）

（七）當你痛苦時，需要來點冰淇淋！（115-4）

誠如上述，有些以學弟妹句子的邏輯概念修正，有些則是以觀念修正學弟妹感覺記錄單，十分真誠。

---

2 法蘭西斯・詹森（Feances E. Jensen, MD）、艾蜜・依莉絲・納特（Amy Ellis Nutt），何佳芬譯：《青春期的腦內風暴：腦神經科學家教你如何面對衝動、易怒、難溝通、陰陽怪氣的青春期孩子》（The Teenage Brain: A Neuroscientist's Survival Guide to Raising Adolescents and Young Adults）（英屬維京群島商高寶國際有限公司臺灣分公司〔Global Group Holdings, Ltd.〕，2018年）。

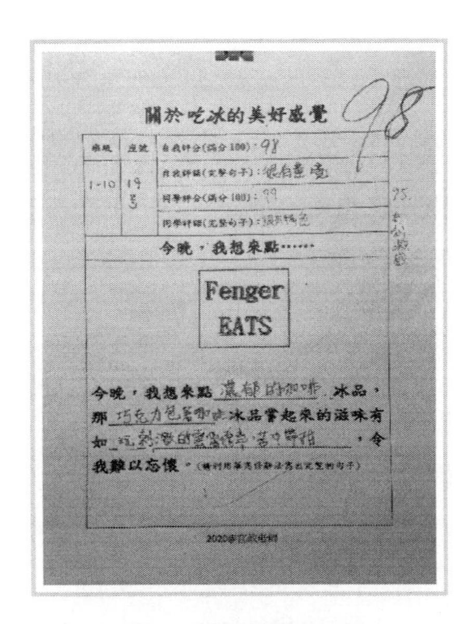

關於吃冰的美好感覺

班級	座號	
1-10	19號	自我評分(滿分100)：98
		自我評語(完整句子)：
		同學評分(滿分100)：99
		同學評語(完整句子)：

今晚，我想來點……

Fenger EATS

今晚，我想來點＿＿冰品，那＿＿冰品嘗起來的滋味有如＿＿，令我難以忘懷。(請利用摹寫修辭法寫出完整的句子)

圖8　女同學記錄單

圖9　男同學記錄單

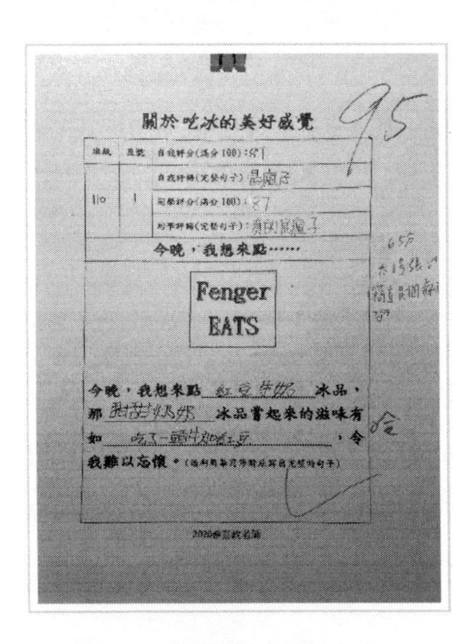

關於吃冰的美好感覺

班級	座號	
110	1	自我評分(滿分100)：
		自我評語(完整句子)：
		同學評分(滿分100)：87
		同學評語(完整句子)：

今晚，我想來點……

Fenger EATS

今晚，我想來點＿＿冰品，那＿＿冰品嘗起來的滋味有如＿＿，令我難以忘懷。(請利用摹寫修辭法寫出完整的句子)

圖10　同學給予紅豆冰棒記錄單反饋

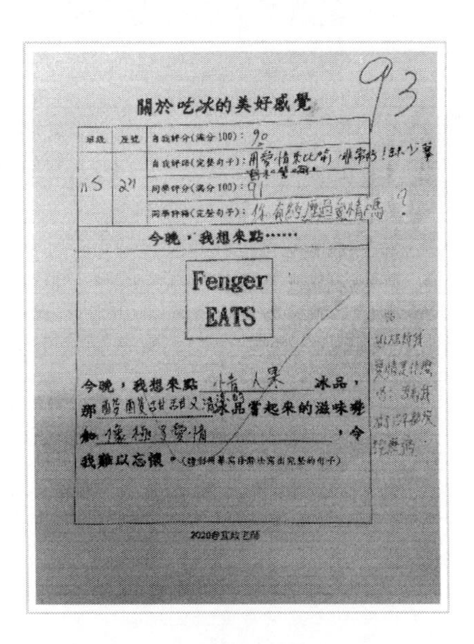

關於吃冰的美好感覺

班級	座號	
115	27	自我評分(滿分100)：90
		自我評語(完整句子)：
		同學評分(滿分100)：91
		同學評語(完整句子)：

今晚，我想來點……

Fenger EATS

今晚，我想來點＿＿冰品，那＿＿冰品嘗起來的滋味有如＿＿，令我難以忘懷。(請利用摹寫修辭法寫出完整的句子)

圖11　同學給予情人果記錄單反饋

二　反思深印學習

筆者致力於語文情境教學多年，時時思考如果我們的平面語文文本，也能立體感覺化，讓孩子們能盡情地以浸淫方式學習，那麼學習就不僅存在於教室固定的場域了。於是如此講授古蒙仁〈吃冰的滋味〉，筆者產生下述思考：

（一）誰也帶不走的身體記憶

對於學者自己而言，雖然學習過程裡視覺佔有絕多數的比例，然而如果我們能開啟孩子們其他感覺器官接收器，對於文學的描述或許多一些畫面，多一些立體想像空間。法國哲學家梅洛龐帝（Maurice Merleau-Ponty, 1908-1961）在《知覺現象學》書裡曾不斷地強調身體有其自主創造意識的能力，在人形成意識的反思前，身體能夠將所有感覺蒐集組織，協調創造，其名之為「身體圖式」（body schema），他說：「身體圖式首先被理解為我們的身體經驗，一個能夠提供瞬間內感（momentary interoceptivity）和本體感覺（proprioceptivity）的一個綜合意義的整體。這同樣給我們一種可以移動身體的不同部分的能力，並以身體作為一個整體，使得每一刻的姿態（gesture）行動得以可能。」[3]

因此，筆者大膽地將青少年的學習連結其身體，從「做中學」、「學中做」交互方式，將身體所有細胞功能開啟，而讓大腦做各種感覺的整合，這樣的身體記憶式學習效果，任誰也帶不走。因此，我們品嚐了冰棒，隨即記錄下身體接受的感覺與聯想。

---

3 Maurice Merleau-Ponty, Phenomenology of Perception, translated by Donald Landes, p. 101.

（二）共同滋味的不同詮釋

圖12　筆者於課堂上展示古典味刨冰的繽紛

對於不同的學習者而言，對於品嚐到相同的冰品，卻得出不同的描述結果，這也是孩子們相互交流，彼此學習的大好機會。同樣的咖啡滋味，在甲而言是初戀的難忘，對乙卻是分手的苦澀，孩子們體認到「對於同一件事情」，我們切入的角度不同，會得出不同的認知結果，而且此結果會因人而異，因為大腦結構與個性和他人迥然差異。

不僅對滋味描述不同，孩子們也從相互評閱中得出修改經驗，因為他人的病因有可能是自己下次寫作的病兆，先給自己施打預防針，避免下次遇上相同的毛病，犯了相同的錯誤。

透過觸覺與味覺體察吃冰的滋味，並學習文字描述技巧，了解古蒙仁先生對於童叟無欺時代的回溯與強調，筆者相信：這樣的學習是深刻的，是任誰也帶不走的。

給我愛，其餘免談
──結合走讀的國文情境教學

前言

十二年國民基本教育之課程發展本於全人教育的精神，以「自發」、「互動」及「共好」為理念，強調學生為自發主動的學習者，學校教育則善誘學生的學習動機與熱情，引導學生妥善開展與自我、與他人、與社會、與自然的各種互動能力，協助學生應用及實踐所學、體驗生命意義，願意致力社會、自然與文化的永續發展，共同謀求彼此的互惠與共好。

因此，十二年國民基本教育之課程綱要則以「成就每一個孩子──適性揚才、終身學習」為願景，兼顧個別特殊需求、尊重多元文化與族群差異、關懷弱勢群體，以開展生命主體為起點，透過適性教育，激發學生生命的喜悅與生活的自信，提升學生學習的渴望與創新的勇氣，善盡國民責任並展現共生智慧，成為具有社會適應力與應變力的終身學習者，期使個體與群體的生活和生命更為美好。

臺灣從過去聯考時代，逐漸走向九年一貫，九年一貫開始由民間出版社編輯教科書，再由國家教育研究院召集學者專家組成教科書審查委員會，共同審議教材，討論教科書的適切性，從過去的一綱一本，符應新時代潮流的一綱多本，教學現場教師則根據課綱精神，藉由教科書的教學，提升學生語文能力。當臺灣教育走向十二年國民基本教育，強調更多元、創意、合作、拔尖扶弱、適性揚才的教育元素，涵養學生帶著走的能力，成就每一個孩子，此正呼應孔子「有教無類」、「因材施教」的教育大愛。

然無論教育制度如何修改，教學現場的教師基於自己對於教育工作的執著與熱愛，竭盡心力地依照學生特質將教材活化，讓學生浸潤在溫暖的教學環境中，學生自然而然能感受教師給予的愛，正向面對自己的學習與未來。筆者以自己任導師三年的觀察與體悟，並將論述重心鎖定為九年級導師班學生[1]，於會考後安排實境體驗活動，從中梳理教學心得，彙整學生回饋，以期為教育同業找回教學熱忱，為初任教師、未來即將投入教學的教師注入強心針。

一　語文教學情境設計

人乃是情感之動物，除了理性的邏輯分析，更多的是情感的傳導、心靈的交流。語文教學情境的營造，對於生命課題的體認與感悟，絕對有加分的效果。因而必須先掌握情境教學的特徵和原則，才能依據教師自己的特質，適切應用之。

（一）情境教學的特徵

情境教學法（Situated Teaching）源自兩大理論：分別是情境認知（Situated Cognition）與情境學習（Situated Learning）。（Brown, Collins & Dugid, 1989）。在情境學習中隱含讓學生從做中學、從做中反思等兩大主要內涵（Cooper, 2003）。情境教學法受教育哲學家杜威的「做中學」和 Schön（1983）提出「實踐中認識」等概念啟發，此

1　筆者擔任研究對象導師期間為二〇一四至二〇一七年。

教育思潮的興起，主要是為了改善傳統填鴨式教育，以及學生無法在日常生活中運用所習得知識的問題。因此情境教學法秉持以學習者為中心，建構教學情境脈絡，讓學生在情境中參與行動學習，從中反思、回饋，學習者能在整個教學環境中建構出自己的知識體系，此乃情境教學法的主要核心。

所謂特徵，意指事物所具有區別於他事物的獨特象徵或標誌。情境教學的特徵含有：一、直觀形象性；二、情知對稱性；三、智能暗示性；四、意象相似性；五、理論潛在性。

1 直觀形象性

情境即具體的場合、景象或境地。構成情境內容，無論是人或物，天人或人造，皆是具體存在，可感知的對象。此些對象，或許以眼可觀、以耳可聽、以手可觸，或以多種感官同時感知。情境教學需透過一定的形象以進行，而情境是指具體、個別、活生生的事物，而非抽象、枯燥，離開了形象，情境的生命則無所寄託。情境即以形象為主體，以豐富的感性世界為基礎。情境教學借助具體可感的形象，使學生能迅速感知，獲得真切的表象，進而認識、理解、記憶、聯想，以達到教學目標。曾有一科學數據顯示各種習得知識的速度：

> 以語言介紹一種物品，人的識別時間為二點八秒；
> 以線條圖表介紹，識別時間為一點五秒；
> 以黑白照片介紹，識別時間為一點二秒；
> 以彩色照片介紹，識別時間為〇點九秒；
> 若以展示實物，識別時間為〇點四秒。[2]

2 韋志成：〈試論語文課情境教學的基本特徵〉，《中學語文教學》1993年第8期，頁39-43。

由此可知，實際以物體展示，讓多元學習與多元感受力同時發生，則習得知識的時間最短。

直覺，則是思維過程與結果的直接性，不需要邏輯的推理、判斷，即能產生一種與形象相同的意識，從而獲得感知的結果，類似於《滄浪詩話》「不涉理路，不落言筌」的思維結果。

2 情知對稱性

情意、認知與教學的關係十分密切，教學是整個教學系統的外部關係，情意與認知才是整個教學系統的內部關係。認知與情意是真正使學生學習活動深入、持久進行並獲得顯著效果的基礎條件，更是維繫學生內在心理平衡與人格完善的重要因素。

情境教學乃根據教學要求，從學生的學習需求出發，創設教學情境，做到「情境即在眼前，我在情境中」，在教學中認知與情感必須同時發揮作用，實踐情知對稱。《墨子》〈修身〉「志不強者志不達」，智者，感情也。沒有感情，或求知慾望不強烈，想掌握一定的知識是難以實踐的。因此知識的傳遞不應該是冷冰冰的，學生即便勉強接受，也只能是暫時性的，唯有飽和「情感的知識」，學生才會樂於接受、理解、記憶與應用。

感情讓教學充滿愛，讓教育對象在愛中學習，在愛中茁壯成長，未來進而將自己的愛回饋社會國家。梁啟超先生曾說：

> 用情感來激發人，好像磁力吸鐵一般，有多大份量的磁，便引多大份量的鐵，絲毫容不得躲閃。所以情感這東西，可以說是一種催眠術，是人類一切動作的原動力。[3]

3 梁啟超：《中國韻文裏頭所表現的情感》（臺北：臺灣中華書局，1958年），頁23。

文本中所蘊含的情感有多大，教師所能給予的教育愛有多大，學生所能習得的效果與能量就有多大。

3　知能暗示性

情境對於人的心理含有暗示性作用，以含蓄和間接的方法對人的心理和行為產生影響。由於世界是物質所構築，而物質是在永恆運動的，運動的事物無時無刻不在交互作用，而交互作用則產生了可令人了解感知的訊息，例如：山呼海嘯、清風明月、草木叢生、雞鳴狗叫，讓人感知其存在。各種物質交互作用之下所產生的訊息，於是產生不同的情境，具有暗示性作用，情境所提供的具體表象，使人「百聞不如一見」，情意與知能更提升一層；當學習者置於情境當中，正如劉勰《文心雕龍》「物色之動，心亦搖焉」，因此「登山則情滿於山，觀海則意溢於海」。

情境教學中的知能暗示乃認知暗示，在特定的教學情境中，學生和情境之間產生種種訊息交流，得以發展個人潛能，產生「心有靈犀一點通」的頓悟。

4　意象相似性

意象，指主觀情意與外在物象的結合。教學情境求意象相似，則意味著以虛見實，虛實結合；以形傳神，形神結合；以情察事，顯隱結合；或描述勾勒，驅遣想像；再者設置氛圍，相機誘導。在求取「相似」中，將文本的情境轉換成教學情境，引導學生觸景生情、借景抒情，進而與文本作者心靈相感通，並提升學習者自己的生命價值與意義。

5 理論潛在性

理論絕非與情境相對立，反而應和抽象思維與形象思維一樣，相互辯證統一。情境教學透過直觀形象以激發學生學習興趣，更必須對具體形象進行抽象概括，以訓練學生抽象思維，從概念、推理、判斷等形式以反映客觀事物，達到對事物的本質特徵與內在聯繫的認識。

（二）情境教學的原則

情境教學的進行必須注意下列兩項原則：一、認知和情感相互滲透；二、語言和思維同時訓練。

1 認知和情感互相滲透

人是知識與情感合一的動物，離開了情感，人的存在價值必然大打折扣。因此，在進行教學時，教師若只注重知識傳導而忽略情感的傳遞，教學成效或多或少受到影響而無法持續，正如魯迅詩句：「無情未必真豪傑，憐子如何不丈夫」。唯有將教學過程歸結為以心理活動為基礎的情感過程和認識過程的統一，教學才能衝破思想牢籠，真正發揮情境教學實質效能。

知識與情感如何相互作用，曾有學者以線索圖做了極佳的詮釋：

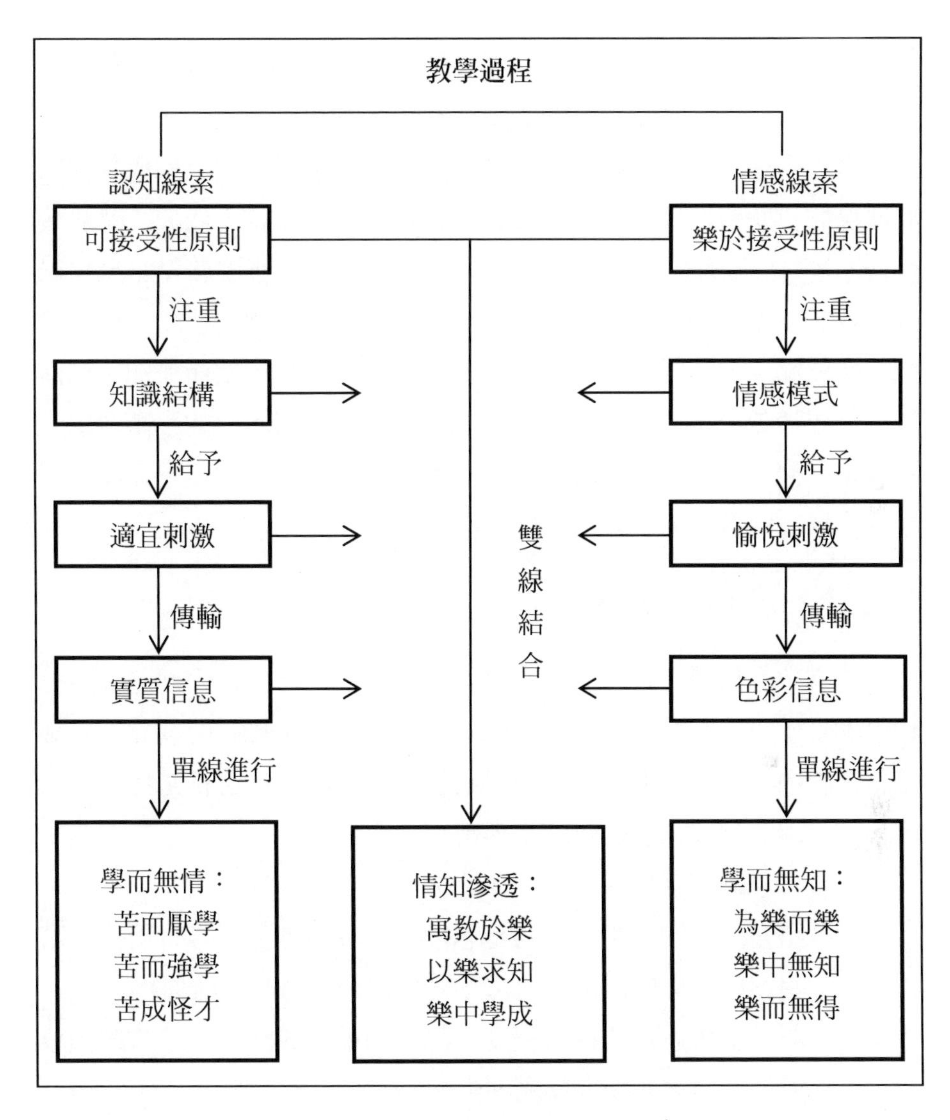

圖1　認知與情感對稱線索圖[4]

上圖說明在教學過程中存在著兩條相互滲透的線索：一為認識線索，一為情感線索。

4　楊新授：〈論教學的「情知對稱」問題〉，《教育研究》1991年第3期，頁63-71。

就認知線索而言，依據「可接受性原則」，老師必須先了解學生學習的起點行為，確認教材的適當度與學生的可接受度，才能進行有效教學，否則學生苦而厭學，或苦而強學，或苦成怪才，形成其他的心理疾病，此皆非良善教學之美意；就情感線索而言，依據「樂於接受性原則」，老師必須在學生樂於接受的情況下，傳遞教學訊息才得以有效，並針對學生的情感需求，強化訊息接受刺激，使學生感官愉悅，情感滿足自然樂於學習，否則會造成為樂而樂、樂而無知、樂而無得等學習效果不彰。因此，結合認知與情感兩者合一的平衡教學，不偏廢任何一部分，才能真正涵蓋並體現教學的實際效能，並能使學生的「學」與教師的「教」持之以恆。

2 語言和思維同時訓練

國文教學對學生進行語言訓練，必須涵蓋口頭語及書面語。語言和思維是不可分割同一個實體中的兩面向，語言是思維的軀體，思維是語言的內核。就人而言，語言是有聲的外部語言，思維是無言的內部語言，因此語言和思維要同時訓練。

語言與思維相互作用，主要在於：

一、語言左右的思維。語言是思維的紀錄與儲存工具，語言豐富靈活則使思維活躍，語言貧乏呆板則使思維凝滯僵化。

二、語言影響思維的抽象程度。語言的抽象成分多，思維的抽象成分則隨之而多，反之則少。

三、語言影響思維的精確與模糊。語言精確，則思維的表達精確，反之，語言模糊、模稜兩可，所能表達的思維則有限。

因此情境教學必須掌握上述原理與原則，運用得宜，方能使教學成效彰顯，涵養學生因情感而形成自動自發的學習習慣，此正符應十二年基本國教的主要精神「培養學生帶著走的素養」。

二　實境教學引發情感

基於上述理論，筆者將擔任三年導師班的學生作為研究對象，從觀察、了解、至最末結合走讀的國文情境教學，紀錄並加以推論分析其中的奧妙之處，以做為自己進行教學的反思與回饋，並提供心得作為研究參考。

（一）起心動念

筆者擔任國中普通班國文教師及導師，所任教的班級歷經多年的休戚與共，學生於二〇一七年五月二十日及二十一日，完成畢生第一次大會考──國民中學學生基本學力測驗，對多數學生而言，熬了三年的苦悶終於如釋重負，但對筆者任教班級而言，又是另一個「甜蜜負荷」的開始。

有鑑於會考結束，教室內無法控管的教學環境，筆者在會考前因為任教所使用的南一版第六冊教科書，編選洪蘭〈碧翠絲的羊〉一文，學生對於文中提及美國小女孩對於烏干達少女提供就學援助，在課堂討論中引發憐憫心，但又不知如何將自己的愛心傳遞給身邊素未相識的人。筆者透過多次進入學校附近老人中心，和中心督導進行訪問與討論，決心為學生擬定「會考後多元教學計畫」[5]，並經過校內簽呈方式呈報主管機關，於一〇六年五月二十二日課間開始訓練學生，並於六月五日帶領全班學生至老人中心，與老人進行互動，讓學生得以模擬付出善意與素未相識者之情境。

5　會考後多元教學計畫，詳如附件一。

（二）實踐效果

筆者在會考前曾經與學生提及，要在會考結束之後帶領全班同學至老人中心與老人互動，以親身經歷付出善心，當時學生正逢會考準備期，並未有極大的情緒反應。正當學生會考結束，全然處於放鬆狀態，教室內原來安靜的學習狀態有些走樣，玩手機線上遊戲的、玩桌遊的、完整人遊戲的、看漫畫的、聊天的、看課外書的、準備考全民英檢等，能在上課時間上保持「不打擾他人寧靜」狀態的少之又少，大多數能讓教室維持一定寧靜的課程則是「電影欣賞」，學生當然也愛在課堂上做舒適愉悅的放鬆。

當筆者在班上宣布呈報主管機關的計畫構思——到老人中心陪伴老人，大多數學生產生的反應過程如下：

一、「為何是我？」——負面想法

平均年齡為十五歲的九年級孩子，一般而言在會考前忍住自己好動活潑、想玩的念頭，埋首認真準備會考，一旦會考結束，只想大玩特玩，做自己之前沒時間做的事。因此，當筆者宣布即將在六月五日將步行前往老人中心的提案時，有些孩子的反應是「Why me？」（為何是我？）天氣又正酷暑悶熱，一堆新奇有趣的事物，正等著會考完已全然解放的學生展開探索與冒險。

筆者心裡想著，嘴裡也一邊陳述著自己「理想國」的帶班理念。如果我們每一個人都能將自己的善念，轉化為實際行動，且此時此刻還有相伴三年的同窗好友，可以在畢業的前夕，一起為社區老人做些有意義的事，一起寫下屬於國中生的青春回憶。正當學生被筆者說服，原先的懷疑逐漸瓦解。

二、「我能做什麼？」——正面想法

當學生的心牆打破，緊接著他們開始討論與反思，自己究竟能為老人們做些什麼？透過筆者引導，將學生依照才性與特質進行分組，由此全班同學共分為五組，分別是：美工組、器材組、服務組、動態表演組、靜態表演組、作品展示組。由美工組製作宣傳海報；器材與服務組則是伺機而動，隨時整裝出勤；動態表演組，則是平時學習樂器的同學，必須重新選擇老人懂得的旋律練習新曲；靜態表演組是以本學期表演藝術課中，已經完成的「街頭藝人秀」為基礎，重新整裝，設計新玩樣；作品展示組，則是將五月底學習的非洲彩繪作品，帶至老人中心為老人解說。

經過筆者苦口婆心、極力地向學生描述，我們的出現將使老人中心呈現不同於平日的不凡感受，學生開始積極努力，打破科別的範圍，在課堂時間勤奮的練習表演，或者製作海報，與進退場流程速度。化名為成成的學生，更主動積極，特別考量老人們生活的年代，上網搜尋了〈望春風〉曲譜，更下載電子伴奏音樂檔勤練；化名為蓉蓉和鳳鳳的學生，則是利用周末假期，練習以直笛分部合奏原為小提琴譜的韋瓦第〈四季〉，希冀在拜訪老人中心當天呈現自己最好的一面（圖2）。

圖2　學生在教室勤奮練習的身影

三　情感激發學習動機

當筆者不斷地向學生強化此趟老人中心旅程的任務性與意義性，學生自然而然開始回想自己與家裡長輩的相處，並慢慢體認老人在進行每一個活動時，可能的動作與節奏，甚至應該如何去扶持老人？協助老人？如何以老人聽得懂的語彙和老人們進行溝通？

青春期的孩子大多是以自我為中心、以我為思考中心來認識世界，然而這一次老人中心任務，孩子們開始認真跳脫以「我」為主的思考模式，轉變成以「老人」為中心的思考模式。

(一)「老吾老，以及人之老」

六月五日，天氣炎熱，全班同學分為兩路縱隊，一行人浩浩蕩蕩帶著自己的物品，由器材組及服務組同學搬運樂器，大約花費十五分鐘，由學校步行至老人中心。由於近三十人身著班服[6]，在馬路上則顯得惹人注目（圖3），陽光強烈，但孩子們的熱情與活力甚過陽光（圖4）。六月五日的半天活動，進行順利而流暢，筆者依觀察事件紀錄重點：

圖3　惹人注目的班服

圖4　學生熱情似火勝驕陽

一、身材壯碩、力大如牛的大翔幫督導移開老人的代步機車（圖5）

大翔生性樂於助人，且力大如牛，活動中，當然得借重其熱心服務的本質，一路由學校幫表演組搬運道具至老人中心，而這道具所使用的紙箱，亦是大翔從家裡回收洗衣機紙箱而得。

6　班服的設計，正面為鬍鬚男和地球圖像，背面則為班級精神象徵「WE ARE THE WORLD」之標語，提醒我們：「我們都是一家人，能為這個世界做些什麼？」學生為了怕自己當天糊塗，忘了穿著統一的服裝，活動前兩天已經開始相互提醒，先把班服帶至學校置物櫃存放。

圖5　搬運道具

到了老人中心，同學們必須先協助中心督導及志工整理場地，將空間挪騰出來，正當督導移動老人們機車時，只見大翔靈敏箭步，輕而易舉地將老人們的電動代步車遷移至適當位置，才能有效利用空間，並擺放美工組製作的流程海報（圖6）。

圖6　流程海報

二、與老人們共早操，正處於青春期活潑好動的學生發現動作不能太大

為了讓孩子與老人互相融合，中心安排了「破冰活動」，由學生兩至三人一組，邀請二至三位老人（圖7），形成五人一組的遊戲人數。五人各自拉起一條棉線，棉線的中央為一條橡皮筋，橡皮筋套住塑膠衛生杯（圖8）。五人小組必須一邊拉著自己的棉線，一邊又必須遷就小組成員的速度，避免速度過快、拉力太猛導致橡皮圈中的衛生塑膠杯落地。並以椅子處為起點，桌子處為終點，五人必須齊心協力，完成護杯任務（圖9）。

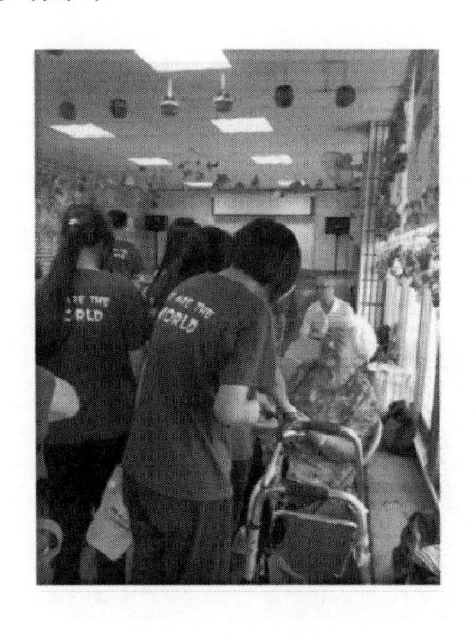

圖7　破冰活動A

由活潑的學生邀請年長保守的老人，像是祖孫同樂，而彼此之間又必須遷就彼此的體能與速度。學生或許邀請時的動作與禮節無法周全而面面俱到，然而老人以其年長的生活經驗，往往包容年輕學子，且由於活潑的學生俏皮的邀請，老人們也彷彿回到年輕時代，心境自然也顯得青春有活力。

圖8　破冰活動B

圖9　破冰活動C

再者，學生和老人們共同做早操。學生融入了老人早操隊伍中，跟著體操老師的引導與節奏，進行各式動作。學生在學校的體育課常要進行劇烈運動前的暖身操，或許動動關節、做做轉體，然而此次和老人們共同活動筋骨，體驗老人們的體操運動則是頭一回。

圖10　祖孫共早操A

圖11　祖孫共早操B

在體操老師的帶領下，以〈白牡丹〉（臺語老歌）為背景音樂，透過手眼協調的細微動作，或者個人動作，或者和身旁不同年紀的夥伴合作，學生發現在手眼協調度上，居然比不上身旁老人靈活。最末一首歌，則是連孩子都喜愛的〈小蘋果〉（流行音樂），學生難以想像老人家居然可以跟得上〈小蘋果〉的節奏。

三、學業成績表現未能如意的成成，成為當天明星焦點，獲得老人粉絲爭相握手

活動前筆者曾找成成討論表演節目，成成是個成績不理想，但領導能力一流的人才，正當筆者左思右想，對於表演節目這一項尚未有構思時，成成立馬發揮才能，提供表演〈望春風〉（臺語老歌）的構思，並在閒暇之餘自行找譜、找伴唱音樂練習。

活動當天，因為筆者忙著主持與領軍，竟也忽略了與老人們溝通時的語言，成成不斷在旁提醒筆者使用閩南語，才能親切地與老人打成一片。果然成成以薩克斯風演奏老人們熟悉的〈望春風〉，成為當天最閃亮的一顆明星，老人們爭相與他握手，成為成成的最佳粉絲。成成原先因學業成績不理想的自卑，轉而成為自信滿滿，胸有成竹。

四、注意力缺陷過動症（ADHD）又伴隨情緒障礙與亞斯伯格症的小羽，竟不再害怕與人群接觸

最令人感受到驚奇的是班上資源生小羽，從七年級時期每堂課因情緒激動大暴走，至九年級準備會考期仍情緒不穩定，因此三年來同學對其行為多有微詞，在班上更是人緣不佳，沒有玩伴，筆者花了極大的心血進行班級經營，漸漸發現，同學們彼此之間有種微妙的距離感：同學們承認小羽是班上一份子，但對其行為又多所忽略。

當天步行至老人中心時，小羽仍舊不願和班上同學同行，走路的速度飛快，一人走在距離隊伍約五十公尺處。當筆者欲喚回小羽時，班上其他孩子居然向筆者訴說：「老師，他本來就是這樣啊！您怎麼喚他都沒用的，隨他吧！反正他不知道路，就會回來找我們了。」果然筆者疑慮是多餘的，孩子們之間早已產生彼此最舒適的相處模式。

「破冰時間」、「祖孫共早操」活動，同學們也都能主動邀請小羽參與合作，原先小羽因人際溝通的能力比較薄弱，此三年來不斷的學

習人際關係技巧，然而進步有限，這次活動中，同學們竟能了解小羽與自己的差異，並在〈小蘋果〉背景音樂中，向小羽大喊「你的音樂來了。」小羽手眼比起同學們顯得更不協調，在動作中常有跟不上節拍的情況，然小羽身旁的老先生卻耐心指導小羽，讓原先常常在家裡與爺爺吵架的小羽，對老人家有了不同的認識。最末打掃老人中心，小羽特別賣力，一個人清理多處老人中心落葉，並成為全班第一位繳交回饋反思單的人，在學習回饋單裡更感謝筆者能讓其同行，讓他能了解老人所想。

五、個性內向寡言的同學，為了活動練習上臺發表、解說

平時個性較內向寡言的同學，將同學們的畫作一一向老人們解說，透過簡短的解說，老人也能了解學生的藝術創作，及簡單的藝術概念（圖12），真正達到寓教於樂的功效。

圖12　藝術作品展示與解說

六、為老人中心付出時間與體力，打掃老人中心積累已久的落葉，身體疲憊，心靈豐盈

最末，由於老人活動中心積累落葉頗多，中心人力有限未能妥善清理，學生們紛紛拿起掃把、畚箕、垃圾袋、夾子，自動分工合作，

同心協力（圖13同心協力打掃），在短短一小時內，則將中心紅磚道、園圃中的落葉和垃圾清理乾淨，彼此不計較誰做得多、誰做得少。

圖13　同心協力打掃

幫老人中心清理完落葉，更整理完清潔用具，學生主動提議在中心階梯上留下彼此勞動完成充滿成就感的倩影（圖14）。雖然身體疲憊，心靈卻是豐盈富足，和老人抱別、督導及志工夥伴們道謝揮別後，學生們踏上返校的旅程。

圖14　完成任務後學生喜悅之情溢於言表

（二）情感滿溢，真實學習

情境教學除了靠教師口頭引導、營造學習情境，如果學生能身處情境中，必然能親身體驗情境中的所有點點滴滴，透過回饋與反思，更能反芻活動之意義與目的。筆者將學生的回饋單[7]重點整理如下：

1　活動前，I think……

主要讓學生對整個活動進行預測，無論是正面期待或負面期待，都能預先有個活動進行前的藍圖。將學生的回饋大至歸類，臚列如下：

一、正面積極的

（一）很興奮，因為少近距離和老人互動。

（二）很期待這個活動。

（三）大家努力用心地練習節目。

（四）希望能和爺爺奶奶們共度一段美好時光，留下深刻回憶。

（五）這是一個難得可以和長輩互動的機會。

（六）一定是個好活動。

二、負面消極的

（一）跟老人沒交集，應該會很無聊。

（二）擔心大家的表現。

（三）活動前大家都好忙碌，沒日沒夜的練習，就是為了給老人們有好的表現。

（四）以為阿公、阿嬤都是行動不便的人。

（五）老人家的活動力和靈活度較為不佳，應該只會靜靜地在觀眾席欣賞我們的表演。

7　回饋單，詳如附件二。

（六）感覺老人不太好相處。

（七）老人應該沒什麼活動。

（八）不太會說臺語的我，應該不太會跟老人溝通。

（九）老人們應該只在活動中心聊聊天。

（十）好緊張，不知道該做些什麼？

三、其他

（一）老人的生活方式和我們不同。

（二）不知道老人的個性如何？怕自己做不好。

由上述可知，學生對於活動的預期是懷疑成分居多。

2　活動中，I see……

主要讓學生在整體活動進行中親身體驗並仔細觀察人事物，以簡短語彙為自己的觀察做紀錄。將學生的回饋大至歸類，臚列如下：

一、正面積極的

（一）做早操的過程中，見到阿公阿嬤的笑容，覺得很有成就感；但打掃的過程中見到老人中心有一些他人隨意丟棄的垃圾，覺得這些人很不應該。

（二）大家一起分工合作表現出自己最好的一面。

（三）老人們很活潑、很有活力，全班同學也因此很 high。

（四）老人們很開心熱情地與我們共舞，對我們的表演十分捧場，給我們許多掌聲。

（五）天氣雖然燥熱，大家的表演一點也不馬虎，還很細心地協助老人家行動。

（六）有些老人需要幫忙才能行走，在活動中我們不只要讓老人開心，還需要很多的耐心。

（七）大家努力地與長輩培養感情。

（八）阿公阿嬤很熱情，很有活力，他們像是小朋友一樣地活蹦亂跳。

（九）其實和老人相處沒有那麼困難。

（十）老人們跳舞時舞技精湛，骨頭比我們還軟。

（十一）老人們很活潑，他們也需要運動，只是他們的運動跟我們不太一樣。

（十二）很溫暖。能跟老人一起活動，幫助他們的感覺很好！

（十三）老人的配合度很高，很好相處。一起跳舞非常有趣！

（十四）阿公阿嬤都自動自發，語言溝通上也沒有什麼問題。

（十五）老人們都對我們很好、很親切，和我們和諧相處。

二、負面消極的

（一）做操時我的節拍都沒跟上，原來老人和我一樣，很辛苦！

根據上述，學生對活動的觀察大多持正面、肯定的態度。

3 **活動後，I feel⋯⋯**

主要讓學生對自己之前的活動預測進行驗證與反思。將學生的回饋大至歸類，臚列如下：

一、正面積極的

（一）很有成就感。

（二）我覺得心情很愉快，因為我們可以奉獻他人。

（三）應該把握當下，否則到老就來不及了。

（四）很想繼續和老人們相處，這是個很棒的體驗！

（五）大家分工合作打掃老人中心的感覺很好！

（六）我覺得開心、舒爽、踏實，大家盡力的把活動辦得很成功！

（七）經過了這半天的活動，讓我們有了全新的體驗，告訴我們老人是要多多照顧的。

（八）經過了這半天的活動不僅感受到爺爺奶奶們的熱情，也透過互動和打掃理解到助人的快樂！

（九）人真的是要活就要動，無論年紀多大，只要願意動，勤加練習，都能熟能生巧。

（十）表演很順利，一整個上午很充實。

（十一）感覺做了很多有意義的事。

（十二）以後有機會，會多參加類似的志工服務活動。

（十三）老人很可愛！

（十四）活動很有趣，也跟著學習老人活到老動到老的精神。

（十五）和老人的相處又更邁進一步了。

（十六）一個人只要多關懷、多體貼，也可以造福社會。

（十七）我要每天運動保持身體強健，等到我老了一定是好處。

（十八）我覺得活動挺好的，我能走出校園與老人互動，至少比坐在教室沒事情做好。我覺得這活動讓我得到很多有趣的經驗。

二、負面消極的

（一）來回這樣走，真的好累！

（二）很累！

三、其他

（一）長輩與我們的生活作息差很多。

根據學生回饋反思的內容，可見學生對此活動的感覺是又累又充實，但來自心靈的成就與滿足感，足以成為日後回饋社會的力量。

4 我想感謝，I want to thank……

當為他人付出的情感引導至沸騰，讓學生感念身旁的人事物，進而讓自己的生活充滿感恩。將學生的回饋大至歸類，臚列如下：

一、感謝師長

（一）感謝老師用心、辛苦的籌備這個活動，也感謝學校行政單位能核准。

（二）感謝當天到活動中心親切的老人家。

（三）老師，因為您籌辦這次活動，讓我們有機會親近老人。

（四）我們一直以來都是接受別人的幫助，謝謝老師讓我們有機會幫助他人。

（五）感謝班導一直找活動讓我們體驗。

（六）感謝老師幫我們安排如此有意義的活動，以及老人中心的督導和阿公阿嬤們的配合與鼓勵。

（七）老人幫助我們練習臺語。

（八）老師讓我們有機會可以為別人服務，也不辭辛勞地為我們準備。

（九）老人中心的阿公阿嬤那麼開朗地與我們互動。

（十）班導：如果沒有妳，我應該無法得到經驗，也就不明白老人平常是怎麼生活？

二、感謝同儕

（一）同學們認真準備活動，才能完美結束。

（二）臺上賣力表演的同學們。

以上可知，同學們不因為活動的辛苦而抱怨，滿懷正面能量與感激。

根據學生的回饋反思單，可以從中推敲這次的活動讓學生收穫滿滿，心中充滿感動。當天活動結束回到學校，學生們雖然身體疲憊，甚至當天中午的營養午餐累得吃不下，只想喝水，只想午睡，但心裡卻非常踏實。

結語

根據瑞士認知發展學家尚・皮亞傑（Jean Piaget, 1896-1980）的心理發展理論，處於形式運思期（formal operational stage）的青少年會逐漸發展出科學與抽象思考，然青少年反思自身的思考能力，也正意味著他們比較常思考與自己相關的事物，對於教條式的說教反而顯得提不起勁。

基於此，筆者以為難以發揮實體親歷的國文科教學，藉以情境教學裡的親身經驗對青春期的學生則顯得十分重要，因為這樣的學習經驗將比起坐在課室聽講的學習方式更直接、更立體、更全面、更持久。筆者總結走讀的情境學習方式，將促使學生：

一、親身體驗，學習更立體

由於走讀式的情境教學，讓活潑好動的青少年得以將過剩的精力發洩，透過眼耳鼻舌身的五感親身體驗，讓學習不再只是平面抽象，更不是以是非、選擇、問答題等紙筆評鑑學習效果，而是藉由老人與學生的笑顏展現付出之後的收穫，眼耳鼻舌身意全然付出並接收善意，這樣的學習更立體全面。

二、觸動情感，記憶更持久

青少年以自我為中心，而老人則將學生視為自家孫子，給予包容疼愛且教導。既使當天學生和老人們才頭一次見面，但遊戲、早操、互動的過程中，逐漸產生溫暖的情誼，此種良善的循環互動，彼此信任牽引，相互影響發展，老人們感受到學生熱情之愛，學生亦能將老人回應善意的美好經驗複製到未來其他學習。

經過這半天的活動，相信學生未來不僅對青春期的迷惘釋懷，更因關懷老人活動能不畏眼前險阻的付出產生自信，此種美好充實的成就感，進而迎向光明璀璨的人生。

附錄一

高雄市立鳳西國民中學國中會考後國文科多元教學活動計畫書

（一）依據

十二年國民基本教育課程綱要提及教育應該涵養學生多方解決問題的能力，提升多元素養，以達成「適性揚才」、「有教無類」的教育理念。

（二）目標

依據「適性揚才」、「有教無類」教育理念，本計畫為涵養學生：

一、認知方面：離開舒適圈，走向人群，認識不同文化與生活。

二、情意方面：擺脫主觀意識，與不同國度及年齡層的人群情感交流。

三、技能方面：提升自我能力，培養溝通技巧，團隊合作，解決困境。

（三）說明

本計畫為九年 OO 班會考後國文科多元教學活動，就整體課程而有所本源：

一、國文科教材：國民中學國文科南一版第六冊教材第十課〈碧翠絲的羊〉（洪蘭）文本提及：因為美國一名小女孩將自己零用錢資助非洲窮困的村莊，身處非洲的小女孩碧翠絲得以飼養、販售此羊，慢慢改善家中經濟，甚至接受資助，到美國完成大學學業，「小小的善意帶來大大的改變」，更讓行善者了解：「施比受更有福！」

二、九年◯◯班班歌格言：班歌 We are the world 為本班精神象徵，當中提到：「We are the world, we are the children/We are the ones who make a brighter day/so let's start giving/There's a choice we're making/We're saving our own lives/It's true, we'll make a better day/Just you and me」我們都是生而平等的人類，我們都是一家人，當家中有人受苦受難，我們應當伸出援手，共同創造美好未來。當我們生活在富裕幸福的環境裡，更應該體認：在我們溫暖舒適的生活圈外，仍有一群人食不飽、衣不暖，若我們有能力應該適時伸出援手，讓世界更美好！

（四）實施細則

依整體課程之本源，規劃「鳳山五甲老人活動中心服務活動」，實施細則如下：

一、時間：一◯六年六月五日，星期一，八點三十分至十二點

二、地點：鳳山五甲老人活動中心

三、合作單位：高雄市政府社會局五甲老人活動中心
（高雄市鳳山區國富路31號　07-7635569）

四、講師及工作人員：五甲社區老人中心謝 OO 督導及服務志工、鳳西國中陳宜政老師

五、交通往返：活動當天以徒步健行方式往返五甲社區老人中心（鳳西國中－光華路－青年一路－新富路－國富路－五甲社區老人中心）

六、活動規劃：

（一）活動日兩週前（五月二十二日始），表演 A 與表演 B 組準備並熟練節目；一週前（最晚六月一日），美化組於老人中心張貼宣傳海報。

（二）學生組織表：（於會考後討論並完成本表）

314學生組織表				
序號	組織名稱	組長	組員	備註
1	美化組			
2	服務組			
3	表演 A 組			
4	表演 B 組			
5	創作解說組			
6	器材組			

（三）活動流程表：

活動流程及安排						
序號	時間	活動名稱	地點	工作人員	參與學生	備註
1	8:30-8:50	漫步「心」富 沿光華路、青年路一段、新富路、國富路健行至五甲老人中心	五甲中心	宜政老師	全體學生	班服、班帽、水壺、點心
2	9:00-9:50	**祖孫共早操** 老人：平日早操（學生參與）	五甲中心	中心志工、宜政老師	五甲社區老人、全體學生	動作速度不宜快
3	10:00-10:50	**藝術樂陶陶** 動態：樂器演奏——薩克斯風演奏／望春風等曲目 靜態：街頭藝人秀／藝術創作解說	動態：五甲中心廣場中央	中心志工、宜政老師	表演A組	設備組、服務組、美化組隨時待命
			靜態：五甲中心環形走廊	中心志工、宜政老師	表演B組	

4	10:50-11:10	**整理環境**	五甲中心	宜政老師	全體學生	
5	11:20-11:40	「心」富返校 原路返回學校，反思活動內容與過程	鳳西國中	宜政老師	全體學生	

(五) 經費預算

由九年○○班自籌。

(六) 課務部份

依原課表自行協調、調整課務，或邀請該節授課老師共同參與。

(七) 教學相關資料

附件一　回饋單

附件一　回饋單

鳳西國中九年○○班會考後國文科多元教學活動反思單

座號：　　　　　　　姓名：　　　　　　　家長簽章：

（1）時間：　　年　　月　　　日星期　　　　時　　分

（2）活動名稱：＿＿＿＿＿＿＿＿＿＿＿＿＿＿＿＿

（3）活動前 I think……

（4）活動中 I see……

（5）活動後 I feel……

（6）我想感謝……

結構、色彩、線條、手感

——學生習得漢字創意美感教學之行動研究

前言

臺灣施行十二年國教強調「素養」教學核心，並以活潑化、精質化、深度化現場教學方式，提升學生各項能力。筆者致力於教學現場多年，希冀將藝術美學融入語文教學，藉以活化教學，並提升學生生活美學素養，授予學生一輩子受用且帶得走的生活能力，除了幫助學生解決生活中所發生的問題，更結合美學與文化時尚，讓學生擁有欣賞能力，以智慧雙眼獨立挖掘生活中的美好。

筆者多年於中學教學現場教授語文，在現行的教科書版本中，必介紹漢字的源流及其結構，然筆者多年教學並觀察身邊教學，大多教學現場以講述「六書」理論，大多以圖示法教學，將漢字結構拆解、重組，並向學生宣講漢字成形故事，以引起學生學習動機，如此施行教學，大多學生能習得此單元教學精華核心。然，多年施行如此，筆者不斷反省：漢字本身即可作為一視覺圖像，除了作為語意的載體，漢字本身即飽含藝術靈動，如果教學現場能把傳統精質藝術家想法加以簡化授予學生，除了習字本身的教學目標，又可提升學生的美學素養，因此筆者開始設計可融入於實際教學現場的活動式教學方式，讓課堂多一些色彩。學生因此覺得比起手寫漢字的練習方式來得「有趣」，加上反覆畫線與剪裁的眼部觀察與手部操作，學生完成作品甚至是一件藝術作品。

筆者以行動研究（Action Research）為方法，研究七、八年級學生學習六書中「會意」字，除了傳統「視覺」觀察、手動「書寫」記憶外，能否有其他有趣多元的學習方法？學生在這一堂課中能習得哪些能力？教師在教學過程中又能悟得那些教學反省與共鳴？

本論藉由筆者教授七、八年級學生對於「會意」字之學習（七年級），並結合中學國文課本收錄臺灣作家宇文正〈買春聯〉之文本（八年級），帶領學生從春節情境中瞭解手寫春聯，並從傳統剪「春」字，延伸出「四面春」之創意窗花剪紙，甚至藉由「會意」字中「同體會意結構」，創造出更多對稱有序結構且趣味盎然的剪紙圖樣。學生除了習得會意字並可藉由雙手操作，與視覺、觸覺刺激提升美學感受，進而欣賞生命。

一　行動研究相關論述

行動研究的特徵有下列幾項：一、行動研究的研究物件是與實際工作情境中有關的問題或人物，如班級學生、教職員以及學生的學習表現等等。二、行動研究的研究設計是一種綜合性的整體架構，以解決實務上所遭遇的問題以及尋找新的發展為目的，它必須仰賴真正的觀察結果以及行為的資料，而進行的研究，屬於實證的研究。三、行動研究的研究設計及過程具有彈性與適應性，在研究進行期間，允許改變，同時也會放棄控制措施，以利反應和現場的實驗與創新。四、行動研究可以是一種質的研究法，其研究理論便可以自然論（naturalism）的架構為基礎，這種研究與研究者的價值判斷的主觀性，也和研究問題所存在的情境無可分離，至於其信度與效度的問題，則需以質的研究的方式來考慮。[1]

1　國家教育研究院樂詞網，網址：https://terms.naer.edu.tw（2022年2月14日檢索）

行動研究的研究過程中，大概包含以下幾個步驟：一、界定問題或訂定目標；二、閱覽文獻，俾瞭解是否他人也遭遇類似的問題，或已達成有關的目標；三、形成可供考驗的假設或探討的策略；四、安排研究的環境，並明確敘述程式和條件；五、確立評鑑標準、評量技術，以及其他可取得有效回饋的其他工具或手段；六、分析資料與評鑑結果。[2]

學者歐用生教授（2014）在宣導提升教師行動研究的能力中指出：行動研究是研究者參與真實事件的運作過程中，系統的搜集資料，分析問題，提出改革方案，加以實施後，仔細檢驗改革的影響。這項過程運作目前已成為教師專業發展、課程發展、教育改革的重要手段之一。歐用生教授並提出行動研究有下列八個步驟（Cohen, Manion, 1989）：

第一：確定、評鑑並形成問題。所謂「問題」是在日常教學情境中被認為重要的，但不必解釋得過於嚴謹，也包括如何在學校既定的規則中求創新。

第二：參與團體為教師、研究者、諮商者和支持者間的初步討論和磋商。這可能形成研究計畫的草案，如哪種條件最能影響課程革新？行動研究如何促進課程改革？影響課程革新的因素為何？研究者在此極為重要，他們使問題聚焦，探討各種可能影響結果的因素，找出新的解決方法。

第三：文獻探討。從比較研究中瞭解問題、目標和程式。

第四：修正或再定義問題，形成可驗證的假設，或形成一組引導的目標，使存在於方案中的假定更為明顯。

2 國家教育研究院樂詞網，網址：https://terms.naer.edu.tw（2022年2月24日檢索）

第五：確定研究程式。教材、教學法等的選擇、資料的搜集、人員的分工和資源的分配等皆需審慎確定。

第六：選擇評量程式與方法，使評量能順利實施。

第七：進行研究。包括資料的搜集方法如教學觀察記錄、訪談、學生作品的呈現及教學省思等，進行資料的分類與分析。

第八：資料的解釋、推論和整體的評量。依據前訂的評量標準，探討研究的結果，特別要注意到錯誤及有問題的地方，並總結研究發現，提出相關建議及推廣的方法。

教學應以「興趣」為中心，林寶山曾說：「教師的任務是在選擇適當的教材並根據學生現有儲存在心中的觀念來激發其動機，使學生想要去學這些材料。」於是，筆者則以相關行動研究概念與方法，已引起學生學習動機，並在課堂傳統講述六書理論的一堂四十五分鐘課堂裡，加入四面剪紙藝術教學操作，期待能給予學生有趣習字的新視野。

二　學生習字方式與剪紙藝術源流

（一）學生習字方式

從學習觀點看漢字特點：結構方正、與圖像相類、可類推、形似字多、音近字多。漢字的認知過程包括形與音、形與義、音與義的結合，都較拼音文字來得複雜。教學時若能注意漢字特點，使學習者瞭解漢字形體構成的規律性，可以收事半功倍之效[3]；字形辨識教學

3　許嘉璐：〈漢字結構的規律性與小學識字教學——兼評幾種小學識字教學法〉，《第一屆小學語文課程教材教法國際學術研討會論文集》（臺東：國立臺東師範學院，1995年），頁403。

時，透過「字源」強化學生對字形的理解，分析「部件」以說明字形的記憶與書寫，利用「字根」配合「部首」教學以擴大漢字的認讀範圍[4]；漢字組合規則如形聲字的形旁和聲旁，在訊息處理的歷程上，都具有心理學上的真實性與重要性[5]，教學時可多加運用。教學者還要注重漢字在字形及字義理解的特性，善用如拆解與組合、完形與細微、統覺與類推、再現與聯想等漢字特點，在有序教學之內，添加豐富內涵與雅趣，提升學習者的學習動機、強化學習效能[6]。

臺灣目前識字教學一般而言可分為四類：分散式、集中式、溯源式、綜合式[7]。根據周碧香研究，瞭解綜合式教學識字教學和多種多樣教學安排與設計，可因時因地因學生而制宜。施行十二年國教之

---

4 黃沛榮：《漢字教學的理論與實踐》（臺北：樂學書局，2006年），頁3。

5 曾志朗：〈華語文的心理學研究：本土化的沉思〉，《中國人、中國心——發展與教學篇》（臺北：遠流出版社，1991年），頁545。

6 周碧香：〈從學習成效深思漢字教學〉，《第二十三屆中國文字學國際學術研討會論文集》（臺中：靜宜大學國文學系，2021年），頁101-102。

7 周碧香：〈自知與自律——談漢字教學教師應有的知能〉（Self-cognition and Self-discipline—Abilities a Mandarin teacher should require），《臺中教育大學學報》人文藝術類，2014年第28期，頁49-64。該論文指出臺灣小學識字教育細項：分散式、集中式、溯源式、綜合式。一、分散式識字教學法，將文字散入課文之間，亦稱「隨文識字教學法」。根據單字的發音、筆順、講解詞義，逐一教學，讓學習者在有意義的情境中學習，結合舊經驗及先備知識，但不強調字與字之間的關聯；為目前臺灣小學課堂運用的方法，著重邊閱讀邊識字。二、集中式識字教學法，因所根據的線索不同，可以分為形聲字教學法、部首識字教學法、部件識字教學法、韻語識字教學法、基本字帶字法、字族文識字教學法等。部件識字教學法以字形分析為基點，化整為零，減少學習障礙；累進發展，加強學習效果；區別筆劃，建立字形標準；集中識字，可增加識字數量。「部件教學法」的觀念益於字形分析和組合，目前多用於小學補救教學或對外漢字教學。三、溯源式識字教學法，包括字理識字教學法、字源識字教學法。追溯漢字較早字形，結合意義和文化，提升學習興趣和文化意涵。此類教學法乃運用漢字早期文字與圖書相近的特點。四、綜合式識字教學法，包括綜合高效識字教學法、圖解識字教學法。此類教學法，都是以成批、快速識記為手段。

後，結合臺灣目前施行十二年國教之一〇八課綱素養精神，學習者宜將習得的知識融入生活，吸取智慧，獲得實際解決問題的能力，因此除了既定的教科書和自學內容，教師亦可發揮本身研究專精與運用多元智慧，將生活智慧、傳統文化融入學習者日常學習。

（二）剪紙藝術源流

聯合國教科文組織二〇〇三年通過《保護非物質文化遺產公約》，致力追求文化多樣性，持續對人類創造力尊重，此公約於二〇〇六年生效。《保護非物質文化遺產公約》定義為「被各群體、團體、有時為個人視為其文化遺產的各種實踐、表演、表現形式、知識和技能及其有關的工具、實物、工藝品和文化場所」[8]。其中傳統手工藝屬於非物質文化遺產之一，剪紙藝術於二〇〇九年被列入非物質文化遺產，人們有世代傳承其卓越文化價值性的責任與義務[9]。

---

8 聯合國教育、科學及文化組織（UNESCO）於二〇〇三年通過《保護非物質文化遺產公約》。《公約》第四章規定，政府間保護非物質文化遺產委員會在國際一級保護非物質文化遺產：編制和更新人類非物質文化遺產代表作名錄（簡稱「代表作名錄」）；編制和更新急需保護的非物質文化遺產名錄（簡稱「急需保護名錄」）；定期遴選最能體現《公約》原則和目標的保護非物質文化遺產的計畫、專案和活動（簡稱「優秀實踐」或「優秀保護實踐」）。只有締約國可以提名專案列入以上名錄和名冊。不過，因《公約》規定，此前宣布為「人類口頭和非物質遺產代表作」的所有項目將自動納入人類非物質文化遺產代表作名錄，因此有個別非締約國在代表作名錄中擁有少量項目。締約國可以單獨或多國聯合進行申報。遺產列入名錄後，可以申請擴展到國內外的其他地方，也可以申請縮減、改名或除名。一個遺產專案不能同時列入代表作名錄和急需保護名錄，但可以申請從其中一個轉入另一個。Browse the Lists of Intangible Cultural Heritage and the Register of good safeguarding practices: https://ich.unesco.org/en/lists（2022年4月3日檢索）

9 聯合國非物質文化遺產中國剪紙，說明網頁：https://ich.unesco.org/en/RL/chinese-paper-cut-00219。A predominantly female pursuit, it is transmitted from mother to daughter over a long period of time, beginning in childhood, and is particularly common in rural areas."如此說明其中蘊含之重大顯著之文化意義。另外，中國剪紙申請加入聯

述鼎曾定義：剪紙，又稱刻紙或剪畫，主要使用剪、刻、染等方式，將紙張塑造出各種圖紋，成為一種造形藝術。由前刀糸氏的著作中，可見目前最早出土的剪紙作品約一九五九至一九六六年於新疆維吾爾自治區吐魯番市的高昌古城遺址，先後出土的五幅陪葬品《北朝對馬團花》、《北朝對猴團花》、《南北朝菊花團花》、《南北朝忍冬紋團花》、《南北朝八角型團花》。剪紙由最初陪葬追悼亡者功用，至農村婦人將生活期盼寄託於紙張，於外呈現樸實單純質感形式，於內則充滿值得探究的祈福、祝福象徵寓意，達到「圖必有意，意必吉祥」之境界。在民間剪紙運用範圍廣泛，如：窗花、門箋、頂棚花、繡花樣子、燈花、喜花等。題材也十分多元，例如：歷史故事、神話傳說、戲劇人物、草蟲花鳥、生活事物等，反映人們對理想生活的嚮往與情感思緒的傳遞。

陳寶玉由春秋戰國時期，彩陶、青銅器、皮革、金屬雕刻等藝術品，觀察到鏤空藝術之運用演變。一九六六年於湖北江陵望山，鏤空刻花皮革出土，茶褐色薄皮革刻畫出幾何連續花紋，河南輝縣固圍村發掘銀箔鏤空刻花裝飾物。陳竟曾提及這些屬於非紙質剪紙，因受到鏤空雕花工藝如浮雕、透雕的影響，從民俗生活中產生，稱之為「類剪紙」，既成為奠定剪紙藝術之基礎。張靜娟、李友友亦提及南北朝時期，以紙代替其他薄片素材，剪繪虛實鏤空圖紋，而正式進入剪紙藝術時代。目前最早在南北朝新疆吐魯番市，所出土的五幅團花剪紙。南北朝梁宋懔《荊楚歲時記》記載：「正月七日為人日，以七種菜為羹，剪綵為人，或鏤金箔為人，以貼屏風，亦戴之頭鬢，又造華勝以相遺。」意指在正月初七時，人們使用五彩絲絹或金箔剪刻成花

合國非物質文化遺產之影片說明Chinese paper-cut https://www.youtube.com/watch?v=38yCVgK8qoI&t=595s（2022年4月3日檢索）

樣貼於屏風，或作為頭髮裝飾物及避邪等，並在人日相互饋贈。裁剪圖紋以花草、鳥蟲形狀稱為「華勝」或「花勝」；若圖紋以人物形象則稱為「人勝」。唐朝時期，造紙業開始出現發展性，促使紙張品質與產量提高，價格也因普及化逐漸下降，進而被頻繁使用於日常生活與節慶活動中。唐朝段成式《酉陽雜俎》寫道：「立春日，士大夫之家，剪紙為小幡，或懸於佳人之首，或綴於花下，又剪為春蝶、春錢，春勝以戲之。」描繪人日或立春婦女剪綵勝的詩句，「勝」圖樣、花樣之意。利用絲絹帛剪成的小幡，稱為春幡，或幡勝、春勝。在立春節氣，人們剪制幡勝、春幡、春蝶、春燕等，作為節日禮物。

唐杜甫以〈人日〉為題作詩：「此日此時人共得，一談一笑俗相看。尊前柏葉休隨酒，勝裡金花巧耐寒。」晚唐李商隱亦有〈人日〉：「鏤金作勝傳荊俗，剪綵為人起晉風。」黃勁傑認為可藉此瞭解剪紙藝術流行於民間的風氣。

王暨嬋提及宋代剪紙與其他工藝技術相結合，產出許多特別創新。吉州窯工匠將陶瓷與剪紙工藝巧妙結合，先於胎上施一層黑色釉，再將剪紙紋樣貼於上頭，在未被紋樣遮住的地方施一層色調比底釉色彩較淡的釉，將剪紙紋樣取走，因而露出了黑色圖案，入窯燒制而成，此成為吉州窯獨有特色。

元、明時代剪紙曾一度衰落，於清代與民國又再度興盛。經曹振峰觀察，清代剪紙花樣運用十分普遍，如刺繡花樣、禮品花、嫁妝花、走馬燈等，剪紙實物及文獻資料留存甚多。關於禮品花記載，在清嘉慶年間有進士梁章巨於《歸田瑣記》有雲：「嘗見人家饋送食物，無論大盤小盤，騎上嘉紅紙一塊，或方或圓，必鏤空剪雕四字，如長命富貴、諸事如意之類。」。現今臺灣並無剪雕四吉字之傳俗，只有以囍字為主的禮品花貼在新房及各種陪嫁新物上，甚至刻苦耐勞的客家婦女於新春時裁剪福祿壽喜，貼於門楣，以添福納壽，某種程度的保存傳統與象徵[10]。

三　以剪紙融合習字教學與學生回饋

省思是教師專業發展和自我成長的核心因素，作一個有反省能力的教師，需反省自己的實際教學，改進教學。Schön（1987）提出省思的類型，可分為三類型：一、執行前省思——具有前瞻性，是最好的省思。二、執行中省思。三、執行後省思。歐用生曾提及，省思並非直線的過程，而是持續螺旋的過程。有鑑於此，筆者每每于教學前後進行反思，觀察學生學習情況與效果，進行教學步驟之調整。

筆者於課堂上依照全學年教學流程及進度，進行漢字結構教學，並提出四項焦點作為本次教學活動之核心與反思：

（一）結構

筆者任職學校選用臺灣康軒出版社國中國文教材[11]，該教材將文字學編寫為兩部分：語文天地一「文字構造介紹」、語文天地二「字體演變與書法欣賞」，由於「字體演變與書法欣賞」非本論文教學焦點故略而不談，而將康軒版「文字構造介紹」作為主要課堂分析教本[12]。

康軒版「文字構造」單元，將國中學生（十三至十五歲）較難理解的轉注、假借不詳談其定義，而將教學重點核心著重於象形、指事、會意、形聲。以下將康軒版教科書對於「象形、指事、會意、形聲」定義與舉例說明：

10 歐美杏：《六堆客家剪紙及其文化應用之探究——以邱玉雲的作品為例》（屏東：臺灣屏東教育大學視覺藝術系碩士論文，2014年），頁51-52。

11 一〇九學年（2020）。

12 康軒文教編輯部：《國中國文》一下課本（臺北：康軒文教，2020年），頁54-63。

一、象形：「按照物體的形狀，將它描繪出來。」[13]此教材中將象形分為四類，分別為：人體方面，如「口」、「心」、「子」、「人」；天文地理方面，如「山」、「水」、「田」、「雨」；動物、植物方面，如「羊」、「鳥」、「木」、「瓜」；器物方面，如「矢」、「舟」、「弓」、「冊」[14]。

二、指事：「用簡單的符號來表示某些概念。」[15][16]此教材中將指事字分為兩類，分別為：純粹用簡單的記號表示抽象的概念，如：「一」、「二」、「入」、「八」；在象形字上附加符號已表示位置或抽象的概念，如：「本」、「刃」、「甘」、「旦」。

三、會意：「會合兩個或兩個以上獨體的『文』，將它們的意思結合起來，以形成一個新字。」[17]此教材中將會意字分為兩類，分別為：異體會意，例如：「休」、「解」；同體會意，如：「森」、「炎」。

四、形聲：「由表示事物類別的『形符』和表示字音的『聲符』組合而成的字。」[18]此教材中將會意字分為六類，分別為：左形右聲，如：「伴」、「軀」；右形左聲，如：「雞」、「郡」；上形下聲，如：「菁」、「嶺」；下形上聲，如：「驚」、「烈」；外形內聲，如：「閨」、「園」；內形外聲，如：「悶」、「聞」。

依照教科書所編排內容進行解說後，筆者試圖打破學生習得字詞練習的傳統模式，結合美感創作進入語文學習系統，並符合臺灣課綱素

13 康軒文教編輯部：《國中國文》一下課本（臺北：康軒文教，2020年），頁56。

14 同注13，頁56-57。

15 同注13，頁57。

16 同注13，頁56。

17 同注13，頁59。

18 同注13，頁60。

養精神。筆者於課堂上說明漢字本身有其圖畫性，一字一圖畫，一圖一結構，有其左右對稱美感，因此依此對稱結構美感，可創造出獨特具有對稱美感的圖樣，例如：象形「山」、「日」、「人」、「口」、「子」、「大」、「木」、「門」、「目」等；指事「入」、「八」、「本」、「甘」、「旦」、「末」等；會意「林」、「森」、「苗」、「栗」、「果」、「美」、「犇」、「品」、「圭」、「困」、「因」；形聲「草」、「菁」、「苦」、「閨」。

其中以剪刀剪出象形及會意字為本次教學重點核心，除了依照臺灣康軒版中學教科書關於象形與會意字之講解外，考慮學生第一次製作字形剪紙，有些字形線條太複雜，學生不容易設計或裁剪成細線條字形，因此在課堂上示範時，大多採簡易結構筆劃不多的字形（圖1）。色紙對折再對折，將對折成四方形的色紙攤折成等腰三角形（圖2），並找出邊中點，由頂點向長邊中點再對折，以此折痕作為剪紙字型之中軸。在另一張白紙上將想要裁減的字形筆劃加粗，再從中間劃一條線（或以對折方式）備用[19]，等等即將已折半的字形畫或描在色紙上（圖3、4），裁剪時必須小心翼翼，必須是筆劃線條相連，待整張剪好色紙攤開，即能成為一結構對稱，四向相連的字型，類如臺灣過去常民建築美學——鐵窗花造型[20]。

---

19 這個動作通常中學生的理解程度會有差異，可以是由教師帶領小組進行分組教學，將聽講人數降低，方便學生近距離觀看老師操作；或是由教師先自行製作好樣本，無法自行設計的同學照著樣本描畫，之後剪下即可。教師須隨時觀察學生學習狀況，進行講解操作之調整。

20 一九二〇年代鐵窗隨著西洋現代建築流傳到臺灣，由於早期房屋的防盜需求，鐵窗開始在臺灣盛行。臺灣人逐漸發展出工法繁複細緻、創造出多種融合中西、擁有獨特臺式美學的鐵窗裝飾，遂稱為「鐵窗花」。一九五〇到一九七〇年代臺灣經濟起飛，這種兼具防盜功能與美感的鐵窗花，對當時的鐵工匠來說，如一張名片，能透過特殊的圖案招攬生意，再加上當年製作成本不高，秤重計價，漸漸成為當時臺灣住宅的常見要素。鐵窗花設計十分客製化，通常依照客人提供想法圖案，或者可交

圖1　筆者於215班級課堂上逐步說明，帶領學生折紙與剪紙

圖2　筆者於215班級課堂上講解說明並示範操作

由工坊構圖打版。材料使用碳鋼的原因，是其軟質地和可塑性更讓鐵工師傅得以彎折、鍛造。大部分是以S型為基礎延伸，再以不同的拼接手法創造圖像。圖像基本以水準垂直交織而成，進階型兼具美觀裝飾，依紋飾分花卷紋、幾何紋、山水紋等。在臺灣以山水紋最為常見，構圖相對簡單，如以S形線條盤於半山腰上形成山嵐雲霧，置於山坡下方則為河流，所需鐵材較少，兩條凹折線即構成一幅山河雲水，不僅省工時，也降低材料費用。

圖3　筆者於102班級課堂上講解說明並示範操作

圖4　102班級學生專注聆聽並隨筆者操作

（二）色彩

通常在語文課極少目觸真實色彩，同學們大多藉由文本想像色彩，筆者以為六書結合剪紙單元能以多元授課方式讓學生得以目視色彩，甚至於雙手凹折色紙，並透過色彩之組合，達到視覺美感之教育目的。

筆者不以傳統剪紙常用蠟光紙，而選擇雙面單色影印紙或雙面雙色模造紙，主要目的在於蠟光紙太薄，且色彩選擇性較少，光面色彩學生以鉛筆打上草稿時較為不便，鉛筆筆跡以橡皮擦去時容易損壞。當筆者為學生示範彩紙拼裝即為一次視覺美感呈現（圖5），將紙凹折同時透過自然光影，視覺影像即敘述溫潤鮮豔之美學感受，此為單一色彩所不及之處（圖6）。學生受到色彩視覺刺激[21]，環繞在視覺美感環境中，呈現出青春洋溢活脫熱情之青春本色。

德裔美籍完形心理學（Gestalttheorie）的代表人物，魯道夫·阿恩海姆（Rudolf Arnheim）[22]提出其知名美學理論——視知覺張力說，阿恩海姆認為觀看是通過一個人的眼睛來確定一件事物在某個特定位置上的一種最初級的認識活動。這是一種常見的對觀看的理解，但是阿恩海姆更進一步申明觀看的內容不僅於此，視覺不只是一種觀看活

---

21 二〇一四年為「臺灣美感教育元年」，教育部更是積極推動美感教育，以培養國民美感素養，在十二年國民基本教育的核心素養專案中納入「藝術涵養與美感素養」，希冀學生能具備藝術感知、創作與鑒賞能力，以體會藝術文化之美，另透過生活美學的省思，豐富美感體驗，並培養對美善的人事物，進行賞析、建構與分享的態度與能力（教育部，2014）；以及推動教育部美感教育中長程計畫，期望能達到美感播種、美感立基與美感普及三大目標（教育部，2012）；還有建置美感教育課程推廣平臺，期望能全面提升國民美感素養，使其具賞析美和實作之能力（教育部，2016）。

22 魯道夫·阿恩海姆（1904-2007）為德裔美籍的藝術心理學家、美學家，屬完形心理學派代表人物之一。其著名的學術成就為系統性地運用完形之論點與心理學實驗來研究藝術與美感。

動，更是一個理性思維的過程。其提出了一個具顛覆性的概念：視覺思維，認為物體的形式與顏色等視覺元素，會被視知覺重新組織、產生交互作用，最終達到成為心理上完滿而平衡的「力」，而這種張力、動力的結構，就是藝術表現的基礎。阿恩海姆的視覺思維觀念打破傳統心理學刺激與反應的分界，其指出知覺，尤其是視覺，包含了思維的一切能力，視覺活動本身就是一種積極的活動而非被動的刺激，這樣的活動不僅具有選擇性，還具有完形性，視覺活動能夠把物件簡化、抽象、分離與組合。

當學生浸淫在充滿色彩的教室氛圍裡，除了心情感受到活潑愉悅，正在進行的剪字創作，亦能帶領學生體驗學習樂趣，而色彩選擇則沒有是非對錯標準。

圖5　筆者示範操作色彩及折紙1

圖6　筆者示範操作色彩及折紙2

（三）線條

漢字擁有一字一方，一方一圖，一圖一事之特點，筆者就此特點將其筆劃設計成加粗字體造型，並將加粗字型中軸對半畫在已折好的直角三角形上，更留意筆劃的銜接，將筆劃與筆劃相連，有種「筆斷意不斷」、「意斷心不斷」之整體美感，再將直角三角形上畫好的中軸對半字型小心剪下（圖7），攤開等腰三角形即為完整字型（圖8、10），再攤開三角形為全張裁剪後紙張，則為四面向字型（圖9、12、13、14）。通常學生在此部分會因為聽講理解程度不同而有落差，教師可一邊講述一邊操作，或者以分組方式將聽講人數降低，教師則挨近學生講述操作（圖15、16、17）；或者，以異質分組方式，教師教授各組組長或較能馬上吸收應用的同學，由此同學回組內分享。

圖7　筆者示範操作「平安」之中軸對半於直角三角形上

圖8　等腰三角形之「平安」

圖9　四面向之「平安」類臺灣鐵窗花造型

圖10　攤開正方形四面向之「平安」，將中軸對齊
下方色紙之對角並黏貼於紙上

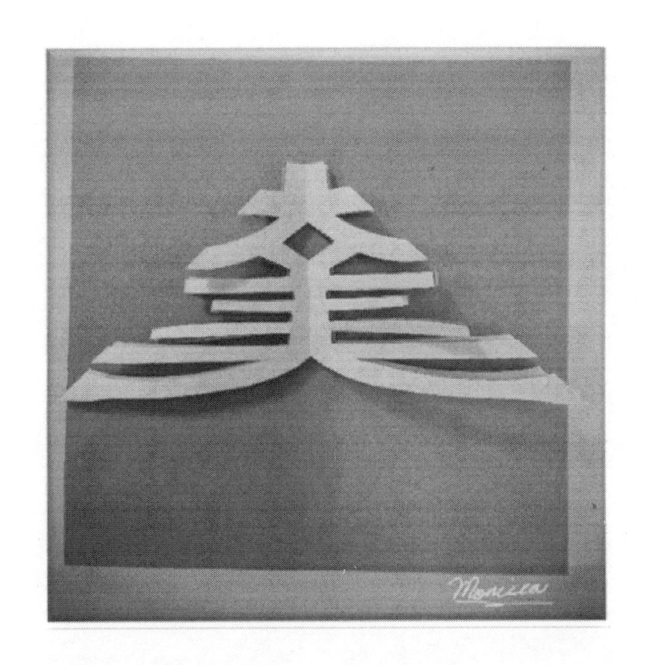

圖11　筆者於課前示範操作色彩及線條、字體「大美」

圖12　筆者於課前示範操作色彩及線條、字體「大用」

圖13　筆者於課前示範操作色彩及線條、字體「英文」

圖14　筆者於課前操作色彩及線條、字體「國文」

圖15　學生21523以鉛筆在紙上加粗「春」字筆劃

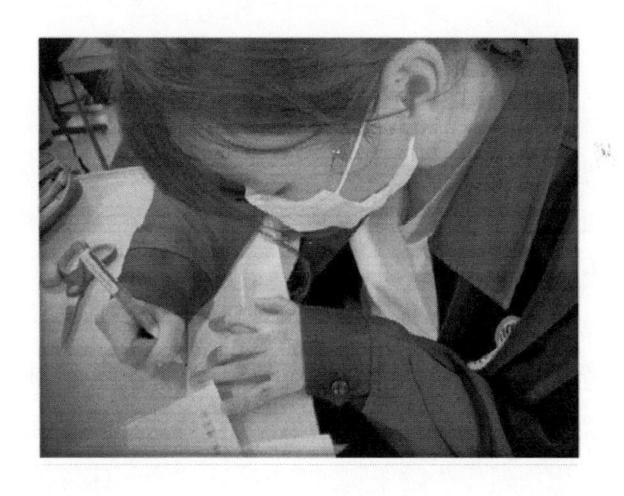

圖16　學生21514以鉛筆在紙上加粗「春」字筆劃

圖17　學生21519以鉛筆在紙上加粗「春」字筆劃

（四）手感

教師必須依據學生狀況調整成學生可勝任的任務，筆劃線條複雜的字型適合雙手較靈巧的學生，假若平時較少運用剪刀裁剪，給該學生的任務可以較為輕鬆，使學生得以於能力範圍內完成剪紙視辨字詞。

21506學生剪裁「未」字陽文，即剪下多餘，留下字型（圖18），然該同學未以膠水黏貼字型與底紙上，而以釘書機固定。21501學生剪裁「王」字陰文，即剪下字型，留下背景（圖19），也以釘書機固定於底紙，鏤空字型卻呈現底紙顏色，與筆者於課堂上為學生示範作品大有不同，堪稱是學生陰錯陽差形成另一件別有風味的作品，除了習得一字、一詞，更結合數學幾何邏輯、物理概念，發揮學生藝術與美學創造力（圖20）。教育學專家 Maeshall 提及藝術可以訓練學生思考和創意發展。Lowenfeld 亦提及，藝術教育不只包括觀念的學習，同時包括肢體的智慧，尤其對於表達方式，更是沒有對與錯的答案，因而藝術絕對可以鼓勵學生發展創意。

圖18　學生21506呈現「未」字（陽文），
並將之相連成四向圖

圖19　學生21501呈現「王」字（陰文），
並將之相連成四向圖

圖20　215全班學生作品集合1

圖21　215全班學生作品集合2

圖22　102全班同學作品集合1

圖23　102全班同學作品集合2

圖24　課堂展示102師生作品於黑板

筆者整理學生完成作品，發現就算學生剪裁同一個漢字，然設計於直角三角形上之字型不同，有些將某筆劃相連，有些則將某筆劃剪斷，剪裁攤開後則呈現不同風貌，如（圖22）同學們都是剪裁「木」字，有些同學將「掠」筆、「磔」筆相連，有些則將此剪開；有些同學將「努」筆劃相連，有些則剪斷。（圖23）則見到同學們發揮各自創意，例如：「井」、「王」、「平」、「全」、「亞」、「鑫」、「林」、「日出」。筆者在下一堂課開始時，將同學們及自己完成剪裁作品全數張貼於黑板上（圖24，當天日期為二○二二年三月三十日星期三，值日生不小心將紀年數字擦去），同學們當下不斷尋找自己作品，更驚覺這一面文字剪紙彩色牆如此耀眼、光彩奪目，此一教學也能體現漢字一字一方、一方一圖、一圖一事之意義。

究竟這樣的漢字教學，對於學生的習字經驗與審美心理是否產生意義？滕守堯曾於其著作中陳述：

> 審美經驗中有了理性的參與，是否就是審美是一種認識或推理活動呢？這樣說是很片面的。純粹的認識活動僅僅從因果等邏輯關係中探求事物的本質，而審美活動卻是外向活動與內向活動同時進行的——首先是對事物外部形態和特性的集中注意，然後又轉回人類內部生活，外部與內部在多次回返中達到同形，最後使內在情感得到調整、梳理、和諧，產生出愉快的情感感受。這種情況甚至可以在觀看月亮這樣一種簡單事物中見到。在觀月時，如果你僅看到它是一個規則的圓形（或圓形內部有一些黑塊），而且到此為止，不再有別的感受，這還不能稱其為審美經驗。而當你在看到其圓形性的同時，進一步從這種視覺印象回到人生情感的體驗，產生出一種穩定、和諧、圓滿、團聚的感受，發出「舉頭望明月，低頭思故鄉」或「月無長恨月長圓」的感嘆，這就構成了審美經驗。[23]

學生在這樣一場六書漢字剪紙課程中，由於放慢對於漢字的認知，藉由折、畫、剪、貼等手部操作，在視覺上更因色澤鮮麗，而將多重美感體驗交織成一次多元感官學習。

結論

除了書法及篆刻，剪紙本是我文化之一，在農業時代歷經家族母

23 滕守堯：《審美心理描述》（成都：四川人民出版社，2001年），頁3。

傳女，帶有吉祥祝福象徵意義。在臺灣客家婦女於逢年過節之際，拿起剪刀，即將福祿壽喜神躍然紙上，黏貼於門楣，象徵神明蒞臨，為家族帶來好運，因此被稱為「母親的藝術」。現在臺灣甚至有許多知名年輕剪紙藝術家，例如吳耿禎、楊士毅等將剪紙文化發揚光大，成為剪紙藝術精品，揚名國際。曾幾何時，這文化一直是我們獨有榮耀，二〇〇九年剪紙文化列入聯合國教科文組織非物質文化遺產，期待這項剪紙工藝能備尊重保存得宜。

筆者藉由課堂授課機會，將臺灣教科書裡「六書」單元、宇文正〈買春聯〉融合傳統剪紙文化教學，一方面傳授語文知識，一方面也傳授文化傳統，更為學生在課堂上以視覺色彩美學找到語文學習的樂趣，語文學習除了聽、說、讀、寫，學生亦能摺、畫、剪、貼，藉由身體感覺浸淫在文化美感中。在教學的過程中，筆者發現有些七、八年級的孩子對於筆劃較多的漢字，無法獨力將其對稱結構化在折好的直角三角形色紙上，因此可先由筆劃較少的象形字帶入，或者將紙模先準備好，而亦有手工較為細膩的同學可以將同體會意字或片語設計並完成剪紙。將所有學生作品同列於黑板，同學們既興奮又充滿成就感，不斷尋找自己的作品在何處，甚至有同學將自己的剪紙與其他同學的剪紙拼貼成片語作品，例如：「林」與「木」，成為「林木」；「王」、「中」、「平」，成為「王中平」等，又成為課堂餘閒的語文遊戲。

漢字一字一方，一方一圖，一圖一事之獨特性，乃他國文字所無能器及，藉由視覺與觸覺感知，學生習得難忘又深具代表性的文化語文課，藝術力、創造力、表現力亦能同時發展。雖說有時教科書（教材）是既定的，但教學（教法）應該是活脫生機，將傳統文化一點一滴融入課程中傳承給國家未來主人翁！

附錄

〈買春聯〉[24]

我想買春聯，只要幾個「春」字、「福」字、一張「大家恭喜」就可以了，可是該到哪兒買呢？我不要大賣場裡賣的，那些都是印刷品，我要手寫的，筆酣墨濃的書法，看得見汁液的流動、新幹的痕跡，這年頭得到哪兒買這樣的春聯呢？

遺憾自己的字不好。其實學生時代練過字的，臨過宋徽宗的瘦金體、趙孟俯的行楷。瘦金體的書法甚至影響了我的硬筆字，懂字的人一眼就看出來。曾有朋友批評我不應該練瘦金體，他說我人太瘦，該練顏體，讓自己厚實些。當時我聽得一愣一愣的，後來想起真是胡說八道，那麼難道胖的人練了瘦金體就能減肥嗎？我在洛杉磯念書時，更聽過一位大陸同學批評趙孟俯，說他的字太媚，怪不得能事兩朝。我心想，我不過就練過這麼兩種字體，崇拜的兩位元書法家，一個亡國、一個被說得行近賣國，我怎麼這麼倒楣呢？

我的大哥卻寫一手好字，小時候他老對我說：「我左手寫的字都比你的好看！」那是真的，因為他是左撇子。根據媽媽的說法，大哥小時候似乎很愛哭，她說：「你大哥從學校回來，哭他不會寫毛筆字，我們馬上找隔壁韓伯伯教他寫字。」是因此，所以大哥的字打了好根柢嗎？韓伯伯的字寫得好，那時過年，他總要寫許多春聯分送給大家。我們家的春聯常是韓伯伯送的。

我呢，是爸爸扶著我的手教我寫字。爸爸的字雖然沒有韓伯伯寫得好，卻是他從大陸唯一帶出來的東西了。當年他到福建馬尾想要當

---

24 宇文正：〈買春聯〉，《我將如何記憶你》（臺北：九歌出版社公司，2008年）。

海軍，年紀太小，資格不符，可是辦事員發現他的字寫得不錯，就讓他謊報年齡上了船。不知是否從此他對自己的出生年錯亂了？總是不確定到底是哪一年生的。那樣的時代就有那樣的事。

韓伯伯的春聯是過年才貼的，爸爸的字卻與我的生活息息相關，在那多雨的基隆暖暖。

我從小就迷糊，有時穿著拖鞋、睡衣去上學，有時把書包、便當留在學校裡忘了帶回來，最常忘的是傘。現在每聽到記憶訓練的廣告詞：「有沒有算過，你從小到大總共丟過幾把傘？」總覺得是在說我。回想起來，爸爸從不苛責小孩，卻善於解決問題。他用毛筆蘸橘紅色油漆在黑雨傘上寫上我的大名，就是我自己忘了，也會有人提醒我拿傘。下雨天我一撐起傘，常引起旁邊無聊的小男生念念有詞，大聲念我的名字。

我心裡卻是得意的，我知道爸爸的書法是雨傘上最漂亮的標籤。

搬離眷村之後，過年沒有韓伯伯的春聯了，不過這裡的裡長會送春聯，當然是印刷的了。春聯送來時，全巷鄰居擁到巷口，近視眼的任媽媽總要搶先挑選，每張春聯拿臉上快碰到鼻尖了才看得清楚。她什麼都要先挑，連我們這一區改路名，新門牌送來時，她也搶著說：「我來先挑一個好的！」

母親不喜歡把嶄新的大門貼得太複雜，總是只貼一張簡單的「大家恭喜」，不貼對聯，至於鄰居常貼的「對我生財」、「恭喜發財」，不知是不是覺得表現得太愛財，她從來不貼。

屋裡的「春」到、「福」到由大哥來寫，我當然是磨墨的書僮。大哥總要趁此機會逗一逗我，寫個「六畜興旺」什麼的要貼我房門口。忘了是不是因此，讓我痛下決心想要練字！

小學二年級的兒子，這學期老師已經要他們帶毛筆到學校教他們寫春聯了，他連鉛筆都還拿不好呢！老師在聯絡簿上寫著，「帶毛筆、墨汁、報紙、圍裙」，看了忍不住想笑，寫字要穿圍裙，真是煮字療饑啊！我到文具店給兒子選筆，四處逛逛，看見一迭迭裁好的「萬年紅」、閃著細細金粉的「灑金宣」，心底有個聲音在說：買幾張回去吧！我的字雖然不好，但我仍想要扶著兒子的手，蘸滿濃濃的墨，工工整整在紅色宣紙上寫一個「福」字，貼在他的房門口。

參考文獻

古籍依據年代，現代與外文則依據書籍出版先後排列

一　古籍

〔東漢〕許慎：《說文解字》，臺北：臺灣商務出版社，1973年
〔明〕王陽明：《王陽明全集》（上）（下），上海古籍出版社，1992年

二　中文書籍

梁啟超：《中國韻文裏頭所表現的情感》，臺北：臺灣中華書局，1958年
艾　偉：《中學國文教學心理學》，臺北：臺灣中華書局，1969年
黃錦鋐：《實用中學國文教學法》，臺北：臺北教育文物出版社，1978年
鮑　蘭：《符號的世界》，臺北市：四季出版社，1978年
黃寶鳳：《西洋剪影圖案集》，臺北：藝術圖書公司，1980年
蔡崇名：《中學國文教學析論》，臺北：學海出版社，1981年
黃錦鋐主編：《如何教國文》，臺北：國立臺灣師範大學中等教育輔導叢書印行，1981年
王更生：《國文教學新論》，臺北：明文書局公司，1982年
陳品卿：《國文教材教法》，臺北：臺灣中華書局，1986年
馬有志：《剪影藝術》，高雄：王鳳儀出版，1986年
陳寶玉：《中國民間剪紙》，臺北：武陵出版社，1987年

朱敬先：《教學心理學》，臺北：五南圖書出版公司，1987年
王明通：《中學國文教學法研究》，臺北：五南圖書出版公司，1989年
張春興：《張氏心理學辭典》，臺北：臺灣東華書局公司，1989年
李元洛：《詩美學》，臺北：東大圖書公司，1990年
李金城：《中學國文教學的藝術》，高雄：復文圖書公司，1991年
吳山主編：《中國工藝美術辭典》，臺北：雄獅圖書公司，1991年
曾志朗：〈華語文的心理學研究：本土化的沉思〉，《中國人、中國心──發展與教學篇》，臺北：遠流出版社，1991年
張學波：《中學國文教學理論研究》，臺北：明文書局，1993年
劉大杰：《中國文學發展史》，臺北：華正書局，1994年
呂勝中：《中國民間剪紙》，湖南：湖南美術出版社，1994年
逑　鼎：《民間藝術──剪紙》，臺北：藝術圖書公司1994年
王淑俐：《我可以教得更精彩》，臺北：南宏圖書公司，1995年
林韻梅：《鑑賞與設計》，臺北：久洋出版社，1995年
Fiske, J 原著，張錦華譯：《傳播符號學理論》，臺北：遠流出版公司，1995年
歐用生：《教師專業成長》，臺北：師大書苑，1996年
陳滿銘：《國文教學論叢》，臺北：萬卷樓，1998年
江惜美：《國語文教學論集》，臺北：萬卷樓，1998年
拉爾夫・史密斯（Ralph A. Smith）原著，滕守堯譯：《藝術感覺與美育》（The Sense of Art:A study in Aesthetic Education），成都：四川人民出版社，2000年
Squire, L. R & Kandel, E. R. 原著，洪蘭譯：《透視記憶》，臺北：遠流出版公司，2001年
Johnson, M. H. 原著，洪蘭譯：《發展的認知神經科學》，臺北：信誼基金出版社，2001年

Merleau-Ponty, M. 原著，姜志輝譯：《知覺現象學》，北京：商務印書館，2001年

滕守堯：《審美心理描述》，成都：四川人民出版社，2001年

Carter, R. 原著，洪蘭譯：《大腦的秘密檔案》，臺北：遠流出版公司，2002年

張光甫：《教育哲學：中西哲學的觀點》（Philosophy of Education），臺北：雙葉書廊，2003年

張春興：《心理學原理》，臺北：臺灣東華書局公司，2003年

林　玲：《國文教學心路》，臺北：萬卷樓，2005年

黃錦鋐：《國文教學法》，臺北：三民書局，2006年

鍾　霓：《五感的時代：視、聽、嗅、味、觸的消費社會學》，臺北：經濟部工業局、財團法人中衛部發展中心，2006年

黃沛榮：《漢字教學的理論與實踐》，臺北：樂學書局，2006年

錢鍾書：《談藝錄》，北京：生活．讀書．新知三聯書店，2008年

Geoffrey E. Mills 原著，蔡美華譯：《行動研究法》（Action Research: A Guide for the Teacher），臺北：學富文化公司，2008年

蔡清田：《課程學》，臺北：五南圖書出版公司，2008年

布萊恩．史坦菲爾（Brain Stenfield）原著，陳淑婷、林思伶譯：《學問：100種提問力　創造200倍企業力》（The Art of Focused Conversation: 100 Ways to Access Group Wisdom in the Workplace），臺北：開放智慧引導科技公司，2010年

Diane E. Papalia, Sally Wendkos, Ruth Duskin Feldman 原著，張慧芝譯：《人類發展──兒童心理學》（*Human Development, 11th ed*），臺北：美商麥格羅希爾國際公司臺灣分公司，2011年

陳正治：《國語文教材教法》，臺北：五南圖書出版公司，2011年

陳正治著，洪義男繪：《有趣的中國文字：聽字的故事．玩出字的趣味》，臺北：國語日報出版社，2012年

徐國能：《第九味》，臺北：聯經出版公司，2014年
蕾妮・布朗（Renni Browne）、戴夫・金恩（Dave King）：《故事造型師：老編輯談寫作的技藝》（SELF-EDITING FOR FICTION WRITERS, SECOND EDITION: How to Edit Yourself Into Print），臺北：雲夢千里文化創意公司，2014年
Laura E. Berk 原著，古黃守廉等譯：《發展心理學——兒童發展》（*Child Development*），臺北：臺灣培生教育出版公司，2015年
喬・尼爾森（Jo Nelson）原著，屠彬譯：《關鍵在問：焦點討論法在學校中的應用》，北京：教育科學出版社，2016年
Jay McTighe & Grant Wiggins 原著，侯秋玲、吳敏而譯：《核心問題：開啟學生理解之門》（Essential Questions: Open Doors to Student Understanding），臺北：心理出版社，2016年
黃文三等編著：《教育心理學》，臺北：群英出版社，2016年
林西莉（Cecilia Lindqvist）著，李之義譯：《漢字的故事》（暢銷十周年紀念版）Tecknens Rike（China: Empire of Living Symbols），臺北：貓頭鷹出版社，2016年
翰林國中編輯部：《國中國文》第一冊，臺北：翰林出版社，2017年
楊俊鴻：《素養導向課程與教學：理論與實踐》，臺北：智勝文化公司，2018年
劉世雄：《素養導向的教師共備觀議課》，臺北：五南圖書出版公司，2018年
陳姞淨：《圖解文字學常識與漢字演變》，臺北：五南圖書出版公司，2018年
杜威（John Dewey, 1895-1952）：《杜威的三十二堂課：胡適口譯，百年前演講精華》（John Dewey's lectures in China, 1919-1920: socoal and political philosophy, and philosophy of education），臺北：英屬蓋曼群島商網路與書公司臺灣分公司，2019年

郭至和：《圖解素養導向課程的規劃與實施：以設計思考觀點出發》，臺北：五南圖書出版公司，2020年

卯靜儒、李姍靜、林威廷、陳心怡、黃盈婷：《喚醒你的設計魂：素養導向專題探究課程設計指南》，臺北：元照出版公司，2020年

劉世雄：《素養導向的教學實務：教師共備觀議課的深度對話》，臺北：五南圖書出版公司，2020年

黃瑞菘：《核心素養導向課程設計：理論、方法、實作技巧與研究》，臺北：五南圖書出版公司，2020年

許育健：《聽，鯨在唱歌：素養導向國語文教學設計實務，臺北：五南圖書出版公司，2020年

謝光輝編：《漢字圖解》（第二版）（Illustrated Account of Chinese Characters 2nd Edition），臺北：三聯書店，2020年

康軒文教編輯部：《國中國文》一年級下學期課本，臺北：康軒文教，2020年

王勝忠：《素養導向教學備課的心法與技術》，臺北：布克文化，2022年

三　外文書籍

Dewey, John. (1933) *How We Think: A Restatement of the Relation of Reflective Thinking to the Educative Process.* Lexington: D.C. Heath and Company

Dewey, John. (1956) *The Child and Curriculun / The Society and School,* Chicago: The Univisity of Chicago Press.

Dewey, John. (1958) *Experience and Nature, New York: Dover Publications, Inc.*

Dewey, John. (1963) *Experience and Education, New York: Collier Books*

Rudolf, Arnheim. *Art and Visual Perception: A Psychology of the Creative Eye.* University of California Press. (1974)

Gombrich, Ernst. *The Image and the Eye: Further Studies in the Psychology of Pictorial Representation.* Oxford: Phaidon. (1982)

四　學位論文

羅雅玲：《國中國文情境教學研究》，高雄：國立高雄師範大學國文教學碩士論文，2010年

陳純怜：《國中國文情境教學研究──以翰林版第四冊為例》，高雄：國立高雄師範大學國文教學碩士論文，2012年

林正隆：《國中國文情境教學研究──以康軒版一年級選文為例》，高雄：國立高雄師範大學國文教學碩士論文，2013年

歐美杏：《六堆客家剪紙及其文化應用之探究──以邱玉雲的作品為例》，屏東：國立屏東教育大學視覺藝術系碩士論文，2014年

朱芸萱：《國中國文情境教學──以康軒版第二冊為例》，高雄：國立高雄師範大學國文學系碩士論文，2015年

古政彥：《影像於國中國文情境教學之應用──以康軒版選文為例》，高雄：國立高雄師範大學國文教學碩士論文，2015年

五　期刊論文

楊新授：〈論教學的「情知對稱」問題〉，《教育研究》1991年第3期，頁63-71韋志成：〈試論語文課情境教學的基本特徵〉，《中學語文教學》1993年第8期，頁39-43

許嘉璐：〈漢字結構的規律性與小學識字教學——兼評幾種小學識字教學法〉，《第一屆小學語文課程教材教法國際學術研討會論文集》，臺東：國立臺東大學師範學院，1995年，頁403-20

李宏鈞：〈淺談情境教學〉，《黔東南民族師專學報》2000年第6期，頁69-70

李建華、黃飛：〈情境教學：人文知識內化為人文素質的中關機制〉，《吉首大學學報》第23卷第4期，2002年，頁111

沈建華：〈情境教學運用淺議〉，《衛生職業教育》第七期，2003年，頁69

周碧香：〈自知與自律——談漢字教學教師應有的知能〉（Self-cognition and Self-discipline——Abilities a Mandarin teacher should require），《臺中教育大學學報》人文藝術類，臺中：國立臺中教育大學，2018年，頁49-64

周碧香：〈從學習成效深思漢字教學〉，《第二十三屆中國文字學國際學術研討會論文集》，臺中：靜宜大學，2021年，頁101-102

六　網路資料

臺灣 PISA 研究中心網站：https://pisa.irels.ntnu.edu.tw/index.html

聯合國教科文組織（UNESCO）網站：https://www.unesco.org/zh

教育部國民及學前教育署：https://www.k12ea.gov.tw/

財團法人創世社會福利基金會官網：http://www.genesis.org.tw/enter.php（2017年2月13日檢索）

教育部（2012），教育部美感教育中長程計畫。摘自：https://ws.moe.edu.tw/001/Upload/8/relfile/0/2073/e221c236-b969-470f-9cc2-ecb30bc9fb47.pdf（2022年1月5日檢索）

教育部（2014），十二年國民基本教育課程綱要總綱發布版。摘自：https://www.naer.edu.tw/ezfiles/0/1000/attach/87/pta_5320_2729842_56626.pdf。（2021年10月23日檢索）

教育部（2016），美感教育課程推廣計畫。摘自：https://www.aade.project.edu.tw（2022年1月5日檢索）

國家教育研究院樂詞網，網址：https://terms.naer.edu.tw。（2022年2月14日、2020年2月24日檢索）

語言教學叢書　1100024

天地有大美而不言，國文有珍寶而未察
——素養導向語文之教與學

作　　者　陳宜政
責任編輯　陳宛妤
特約校稿　陳相誼

發 行 人　林慶彰
總 經 理　梁錦興
總 編 輯　張晏瑞
編 輯 所　萬卷樓圖書股份有限公司
臺北市羅斯福路二段 41 號 6 樓之 3
電話 (02)23216565
傳真 (02)23218698

發　　行　萬卷樓圖書股份有限公司
臺北市羅斯福路二段 41 號 6 樓之 3
電話 (02)23216565
傳真 (02)23218698
電郵 SERVICE@WANJUAN.COM.TW
香港經銷　香港聯合書刊物流有限公司
電話 (852)21502100
傳真 (852)23560735

ISBN 978-626-386-023-0
2024 年 2 月初版
定價：新臺幣 420 元

如何購買本書：
1. 劃撥購書，請透過以下郵政劃撥帳號：
帳號：15624015
戶名：萬卷樓圖書股份有限公司
2. 轉帳購書，請透過以下帳戶
合作金庫銀行　古亭分行
戶名：萬卷樓圖書股份有限公司
帳號：0877717092596
3. 網路購書，請透過萬卷樓網站
網址　WWW.WANJUAN.COM.TW
大量購書，請直接聯繫我們，將有專人為您服務。客服：(02)23216565　分機 610

國家圖書館出版品預行編目資料

天地有大美而不言,國文有珍寶而未察 ：素養導向語文之教與學 / 陳宜政著. -- 初版. -- 臺北市 ：萬卷樓圖書股份有限公司, 2024.2
面 ；　公分. -- (語言教學叢書 ；1100024)
ISBN 978-626-386-023-0(平裝)
1.CST: 語文教學 2.CST: 教學理論 3.CST: 中等教育
524.31　112020388